汉译世界学术名著丛书

菲勒玻斯

〔古希腊〕柏拉图 著

溥林 译

商務印書館
SINCE 1897
The Commercial Press

Platon

PHILEBVS

(ΦΙΛΗΒΟΣ)

本书依据牛津古典文本（Oxford Classical Texts）中

由约翰·伯内特（John Burnet）所编辑和校勘的

《柏拉图全集》（*Platonis Opera*）第Ⅱ卷译出

汉译世界学术名著丛书
（120年纪念版·珍藏本）
增订本出版说明

2017年10月，为纪念商务印书馆创立120周年，本馆推出“汉译世界学术名著丛书”（120年纪念版·珍藏本），计七百种。近五六年来，仰赖学界同人倾力支持，订正旧译，增补新译，拓展新著，积累日多。为满足读者需要，本馆在七百种的基础上，继续推出“汉译世界学术名著丛书”（120年纪念版·珍藏本·增订本）三百种。至此，“汉译世界学术名著丛书”累计出版已达千种。

今后，本馆将继续推进丛书的翻译出版工作，在积累单本名著的基础上陆续分辑刊行，汇印出版。为促进中外文明互鉴、推动我国学术发展，使“汉译世界学术名著丛书”这项对我国学术文化有基本建设意义的重大工程发挥更大作用，诚望海内外学术界、翻译界继续给予支持，帮助我们把这套丛书出得更好。

商务印书馆编辑部

2024年2月

汉译世界学术名著丛书
(120年纪念版·珍藏本)
出版说明

2017年2月11日，商务印书馆迎来120岁的生日。120年前，商务印书馆前贤怀揣文化救国的理想，抱持“昌明教育，开启民智”的使命，立足本土，放眼寰宇，以出版为津梁，沟通中西，为中国、为世界提供最富智慧的思想文化成果。无论世事白云苍狗，潮流左右激荡，甚至战火硝烟弥漫，始终践行学术报国之志，无改初心。

迻译世界各国学术名著，即其一端。早在20世纪初年便出版《原富》《天演论》等影响至今的代表性著作，1950年代后更致力于外国哲学和社会科学经典的译介，及至1980年代，辑为“汉译世界学术名著丛书”，汇涓为流，蔚为大观。丛书自1981年开始出版，历时三十余年，迄今已推出七百种，是我国现代出版史上规模最大、最为重要的学术翻译工程。

丛书所选之书，立场观点不囿于一派，学科领域不限于一门，皆为文明开启以来，各时代、各国家、各民族的思想与文化精粹，代表着人类已经到达过的精神境界。丛书系统译介世界学术经典，引领时代思想，为本土原创学术的发展提供丰富的文化滋养，为推动中国现代学术和现代化进程做出了突出的贡献。

为纪念商务印书馆成立120周年，我们整体推出“汉译世界学术名著丛书”120年纪念版的珍藏本，寄望既利于文化积累，又便于研读查考，同时向长期支持丛书出版的译者、编者和读者致以敬意。

两甲子后的今天，商务印书馆又站在了一个新的历史时间节点上。我们不仅要铭记先辈的身影和足迹，更须让我们的步伐充满新的时代精神。这是商务人代代相传的事业，更是与国家和民族的命运始终紧密相连的事业。我们责无旁贷，必须做好我们这代人的传承与创造，让我们的努力和成果不仅凝聚成民族文化的记忆，还能成为后来人可以接续的事业。唯此，才能不负前贤，无愧来者。

商务印书馆编辑部

2017年10月

目　　录

菲 勒 玻 斯

[或论快乐][1]

① 忒拉叙洛斯(Θράσυλλος, Thrasyllus)给该对话加的副标题是"或论快乐"(ἢ περὶ ἡδονῆς)。按照希腊化时期人们对柏拉图对话风格的分类,《菲勒玻斯》属于"伦理性的"(ἠθικός)。(本书页下注均为译者注,不另注。)

菲 勒 玻 斯

苏格拉底　普洛塔尔科斯　菲勒玻斯

苏格拉底：那你就来看看，普洛塔尔科斯[①]，你现在打算接受 11a1
从菲勒玻斯[②]那里来的何种说法，以及打算对从我们这里来的何种
说法持有异议——假如它说得不合你心意的话。你愿意让我们概 11b1
述一下[③]两者中的每一个吗？

普洛塔尔科斯：当然。

苏格拉底：那好，一方面，菲勒玻斯说，对于一切活物而 11b5
言，善就是享受、快乐和愉悦，以及所有其他与此类事情相一致

① 这里的这位普洛塔尔科斯（Πρώταρχος, Protarchos），生平不详，但根据该对话后面的讲述，他是卡利阿斯（Καλλίας, Kallias）的儿子（19b5）和智者高尔吉亚（Γοργίας, Gorgias）的学生（58a7）。

② 菲勒玻斯（Φίληβος, Philebos），生平也不详；从词源看，该词由爱 / 热爱（φιλέω）和年轻人 / 青年（ἥβη）合成，意思是“热爱青年”“爱年轻人”。

③ 让我们概述一下（συγκεφαλαιωσώμεθα）。συγκεφαλαιωσώμεθα 是动词概括 / 概述（συγκεφαλαιόω）的一次性过去时虚拟式第一人称复数，这是一种修辞法。有一种语法现象，称为“谦虚复数”（pluralis modestiae），即背后的意思虽然是单数“我”，但表达时用复数形式“我们”，以示“谦虚”或“礼貌”。

的东西。另一方面，从我们这儿而来的异议是，它不是这些，而是具有明智、进行理解、已经想起，以及复又与这些同家族的那些东西，如正确的判断和各种真实的计算，它们对于所有那些能够取得它们的活物来说都肯定会变得比快乐是更好的和更值得拥有的；而对于所有那些能够分有它们的活物来说——无论是对于那些正是着的，还是对于那些将是着的——，它们都是所有一切中最为有益的。菲勒玻斯啊，我俩各自岂不约莫就是这样说的？

菲勒玻斯：完完全全就是这样，苏格拉底！

苏格拉底：那么，普洛塔尔科斯啊，你会接受现在被我提交出来的这种说法吗？

普洛塔尔科斯：必然接受；因为，菲勒玻斯，这位英俊的家伙，已经从我们这里打退堂鼓了。

苏格拉底：那么，无论如何都必须用所有的方式抵达关于它们的真相吗？

普洛塔尔科斯：当然必须。

苏格拉底：好吧！除了这些之外，让我们还要就下面这点达成一致。

普洛塔尔科斯：哪点？

苏格拉底：那就是，现在我俩各自都要试着去显明灵魂的某种习性或状态[1]，它能够为所有人提供一种幸福的生活。难道不要

① 灵魂的习性或状态（ἕξιν ψυχῆς καὶ διάθεσιν）。基于文义，连词 καί 在这里译为“或”，而不译为“和”。

这样做吗？

普洛塔尔科斯：当然要这样做。

苏格拉底：岂不是这样：一方面，你们认为它属于享受；另一方面，我们认为它属于具有明智？

普洛塔尔科斯：是这样。 11d10

苏格拉底：但如果另外某种习性或状态显得优于这两者，又
会怎样呢？难道不是这样：一方面，如果它显得更加与快乐是同 11e1
类的，那么，我们双方虽然都将败给那牢牢地拥有这类东西的生 12a1
活，但快乐这种生活会胜过明智这种生活？

普洛塔尔科斯：是的。

苏格拉底：另一方面，如果它显得更加与明智是同类的，那

（接上页）关于习性 / 习惯（ἕξις）和状态（διάθεσις）的区别，可参见亚里士多德《范畴篇》（8b26-9a13）：因此，有一种质被称作习性和状态。而习性之不同于状态，就在于它是更稳定和更持久的。各种知识和德性就是习性；知识似乎属于持久的东西和难以移除的东西——即使人们只是有限地获取了知识，除非因疾病或其他类似的东西而发生了某种重大的变故——。德性也同样如此，例如，公正、审慎以及其他类似的东西都似乎既是难以移除的也是难以改变的。而所谓状态，指那易于变动和能够很快改变的性质，如热和冷、疾病和健康以及其他类似的东西。因为一个人会因它们而无论如何总是处于某种状态中，但又很快发生变化，如由热变冷、由健康变生病。其他类似的情形也同样如此，除非它们中的某种经过时间的累积而已经变成自然的和不可更改的，或非常难以改变——那时该东西或许就已经可以叫作习性了。显然人们愿意称那些较为持久和难以更改的东西为习性；因为对于那些不能很好地持有知识而易于变化者，人们不会说他们有习性——尽管他们无论怎样都因知识而或差或好地处于某种状态中。因此，习性和状态的区别在于后者是易于更改的，而前者则较为持久和难以更改。然而习性是状态，但状态并不必然是习性。因为有习性的人无论怎样由此都处在某种状态中，但处在某种状态中的人并不必然具有某种习性。

么，明智将战胜快乐，而快乐会被打败？你俩说这些就这样被达成了一致呢，还是会怎样？

12a5 **普洛塔尔科斯**：至少在我看来是这样。

苏格拉底：但在菲勒玻斯你看来又如何呢？你怎么说？

菲勒玻斯：我现在认为，也将认为，快乐完完全全会取胜；而你，普洛塔尔科斯，自己去认识吧！

12a10 **普洛塔尔科斯**：一旦你把谈话交给了我们，菲勒玻斯啊，那你都不再是具有决定权的了，无论就我同苏格拉底达成的同意，还是反过来没有达成同意。

12b1 **菲勒玻斯**：你说得对；其实我已经洗手不干了，并且现在我也请女神本人来做证。

普洛塔尔科斯：并且对你而言，我们也肯定会就是这些事情的共同证人，即证明你说过你现在所说的这些。但依次接下来的
12b5 那些，苏格拉底啊，不管菲勒玻斯愿意，还是他会想要任何别的什么，让我们仍旧带着他尝试将它们带往终点。

苏格拉底：必须尝试，而且是从女神本人开始，虽然这个人[①]说她被称作阿佛洛狄忒[②]，但她最真实的名字其实是赫多涅[③]。

12b10 **普洛塔尔科斯**：非常正确。

---

① 这个人（ὅδε），即菲勒玻斯。

② 阿佛洛狄忒（Ἀφροδίτη, Aphrodite），希腊神话中的爱神；赫西俄德在《神谱》（190–197）中提到了该词的词源，说天神克洛诺斯（Κρόνος, Kronos）割掉了其父亲乌拉诺斯（Οὐρανός, Ouranos）的阴茎，将之扔到海里，在它的周围泛起了白色的泡沫，从浪花间的泡沫中诞生了阿佛洛狄忒，因而 Ἀφροδίτη 源自 ἀφρός［泡沫］一词。

③ 赫多涅（Ἡδονή），名词 ἡδονή［快乐］的专名，即“快乐女神”。

苏格拉底：但我那总是关乎诸神名字的畏惧，普洛塔尔科斯 12c1
啊，它不是在人的限度内的，而是一种超出了最大的害怕的畏惧[①]。甚至现在，就阿佛洛狄忒，怎样是令她喜欢的，我就怎样称
呼她。而就快乐来说，我知道它是错综复杂的，并且正如我所说 12c5
的，我们必须通过从它开始来寻思和考察它究竟具有何种本性。因为，虽然这样简单地乍一听，它是某种一，但它无疑已经取得

① 参见《克拉底鲁》（400d1-401a5）：**赫尔摩革涅斯**：在我看来，这些已经被充分地说了，苏格拉底啊。但关于其他诸神的名字，就像你刚才关于"宙斯"所说的那样，我们也能够用同样的方式来加以考察吗，看看究竟按照何种正确性来确定他们的名字？**苏格拉底**：宙斯在上，我们的确，赫尔摩革涅斯啊，如果我们真有头脑的话，能够按照一种方式，而且是最好的方式来进行考察，那就是：关于诸神，我们一无所知，无论是关于他们自身，还是关于他们称呼他们自己的那些名字——即使显然他们在用一些真的名字来称呼他们自己——。此外，就正确性来说，还有第二种方式，就像在各种祈祷中我们按照习惯来进行祈祷那样，他们被按照他们怎样以及从何处感到高兴那样来被命名，我们也如此来称呼他们，既然我们不知道任何其他的；因为这在我看来很好地保持了习惯。因此，如果你愿意，那就让我们这样来进行考察，好像对于诸神我们预先宣布，关于他们我们将不考察任何东西——因为我们根本不配能够考察他们——，而是在就那些人进行考察，即他们究竟因持有何种意见而为他们确定了各种名字；因为这样做是不会引起神的愤怒的。

此外，柏拉图在《泰阿泰德》《智者》以及《政治家》中都提到，不能只停留在语词或名称上，而是要看清语词所命名的那个事物或事情。参见：

《泰阿泰德》（177e1-2）：肯定不能让他只说语词，而是要让他看到被命名的那个事物。

《智者》（218c1-5）：因为现在你和我仅仅共同地拥有关于他的名称，但我们用该名称对之命名的那个事情，我俩各自或许在我们自己那里有着个人自己的看法。但总是应当务必通过各种言说就事情本身取得一致，而不是在缺乏言说的情况下仅仅就名称取得一致。

《政治家》（261e5-7）：说得很好，苏格拉底！并且如果你能够警惕过于把名字当回事，那么，到老年时你就会在明智方面显得更为富有。

12d1 了各种各样的形象，而且它们在某种方式上彼此是不相似的。你只需瞧瞧：我们说，一方面放纵的人感到快乐，另一方面节制的人也恰恰因节制而感到快乐；此外，一方面那缺乏理智的人感到快乐，因为他充满了各种无理智的意见和希望，另一方面具有明智的人复又恰恰因具有明智而感到快乐。而一个人，当他说这两
12d5 种快乐中的每一种彼此是相似的时，他又怎么会不正当地显得是无理智的呢？

普洛塔尔科斯：这些快乐，苏格拉底啊，虽然它们确实是来
12e1 自一些相反的情况，但它们彼此无论如何都不是相反的。因为，快乐之于快乐，这种东西本身同它自己，究竟怎么可能不是一切事物中最相似的呢？

苏格拉底：其实颜色，非凡的人啊[①]，之于颜色也如此。至少就这点而言，即每一种颜色是颜色，它们并无任何不同；但黑色
12e5 之于白色，我们每个人都认识到，除了是不相同的之外，也恰好是与之最相反的。当然，形状之于形状也同样如此：一方面，在家族上它们全都是一[②]；另一方面，就它的诸部分来说，一些部分

① 非凡的人（δαιμόνιε），是 δαιμόνιος 的呼格，不过在这里乃是作为一般口语表达，而不是作为同苏格拉底那著名的 δαίμων［精灵］相联系的 δαιμόνιος［精灵的 / 属于精灵的］来理解。δαιμόνιος 在口语中作呼格使用时，既可表褒义，也可表贬义。在荷马史诗中褒义指“神保佑的人”，贬义则指“神谴责的人”；在阿提卡口语中，褒义指“我的好人！”贬义则指“倒霉蛋！”“可怜的人！”我这里有意偏中性地将之译为“非凡的”。

② 在家族上它们全都是一（γένει ... ἐστι πᾶν ἕν）。γένει［在家族上］，也可以译为“在属上”。γένος 源于动词 γένω / γίγνομαι［出生 / 产生 / 形成］，具有“家族”“后代”“种族”等意思，后来亚里士多德在逻辑学上明确将它同 εἶδος［种］区分开，用它意指“属”。

彼此是最相反的，一些部分则无论如何都恰好有着无限的不同。并且我们还将发现，许多其他的东西也是这样。因此，请你一定不要相信这种说法，因为它把所有最相反的东西弄成了一。不过我担心，我们将发现某些同其他快乐相反的快乐。

普洛塔尔科斯：或许吧。然而，为何这将损害我们的说法呢？

苏格拉底：因为，虽然它们是不相似的，我们会说，你却用另一个名称来称呼它们，由于你说所有快乐的事情都是善的。因此，一方面，各种快乐的事情都是快乐的，没有任何说法对这持有异议；另一方面，尽管其中多数是恶的，但也有一些是善的，正如我们所说，然而你却把它们全都称作是善的，即使你会同意它们是不相似的，假如某人用道理来逼迫你的话。那么，究竟是什么样的同一者同样地内在于各种恶的和各种善的快乐中，以至于使得你把所有的快乐都称作是善的？

普洛塔尔科斯：你为何这么说呢，苏格拉底啊？你真的认为，一个人，一旦他确定了快乐就是善之后，接下来竟然将同意，或将容忍你说，一些快乐是善的，而其中另一些是恶的？

（接上页）关于这一思想，可对观后来亚里士多德的《形而上学》第五卷第 6 章（1016b31-1017a3）：此外，一些东西在数目上是一，一些东西在种上是一，一些东西在属上是一，一些东西在类比上是一。那些在数目上是一的，其质料是一；那些在种上是一的，其定义是一；那些在属上是一的，指的是同一范畴形态适用它们；那些在类比上是一的，指的是具有如比例相同的那样的关系。后面的情形总是跟随着前面的情形。例如：凡在数目上是一的，在种上也是一；但在种上是一的，并不全都在数目上是一。凡在种上是一的，在属上也全都是一；但在属上是一的，并不全都在种上是一，而是在类比上是一。凡在类比上是一的，并不全都在属上是一。

苏格拉底：无论如何你都肯定会说，它们彼此是不相似的，甚至一些还彼此相反。

13c5 **普洛塔尔科斯**：绝不会这么说，至少就它们是快乐这点而言。

苏格拉底：我们重新把自己带回到了那个同样的说法，普洛塔尔科斯啊，即快乐之于快乐并无任何不同，相反，我们会说所有的快乐都是相似的；并且刚才所说的那些例子也丝毫没有伤害
13d1 到我们，而我们将表现出来的和将说的，正是所有人中那些最不用心的，以及同时在讨论方面是新手的人所表现出来的和说的。

普洛塔尔科斯：你究竟在说何种事情？

苏格拉底：这种：如果我通过模仿你并捍卫自己而敢于说，
13d5 一切中最不相似的同最不相似的是最相似的，那么，我就将能够如你一样说同样的那些事情，而我们由此也肯定显得比应然的是更为幼稚的，并且我们的讨论也将因搁浅而失败。因此，让我们再次把它推回去，并且有可能通过前往一些相似的东西，我们或许会以某种方式在彼此之间达成一致。

13e1 **普洛塔尔科斯**：你只管说，以何种方式？

苏格拉底：请你假定我再次被你询问，普洛塔尔科斯啊。

普洛塔尔科斯：究竟问何种事情？

13e5 **苏格拉底**：明智[①]、知识、理智，以及所有起初我通过假设而将之说成是善的那些东西，当我被盘问善究竟是什么时，它们岂

① φρόνησις 一般译为“明智”或“审慎”，在这里也可以将之直接译为“智慧”。其实该词在柏拉图那里几乎等同于 σοφία［智慧］一词，后来亚里士多德才对之进行了明确的区分；狭义的 σοφία 即“理论智慧”，而 φρόνησις 专指“实践智慧”。

不恰恰遭受了你的说法所遭受的这同样的事情？

普洛塔尔科斯：为何？

苏格拉底：全部的知识看起来既是许许多多的，其中一些也 13e10
彼此是不一样的。然而，如果其中一些在某种方式上甚至变得彼
此是相反的，那么，我现在还配得上同你交谈吗，假如我就因害 14a1
怕这点而宣称，没有任何知识会变得同另外的知识不一样，并且
随后我们的讨论由此就像一个故事一样因破灭而归于失败，而我 14a5
们自己只能借助某种无理性而被拯救？

普洛塔尔科斯：但这真的不应该发生，除了这点之外，即被拯救。但至少下面这点让我感到满意，那就是：你的说法和我的说法是同等的；一方面让快乐变为许许多多的和不一样的，另一方面也让知识变为许许多多的和不同的。

苏格拉底：那么，普洛塔尔科斯啊，我们就不要掩盖你的善和 14b1
我的善之间的不同了，而是要把它放到中间，让我们敢于冒下面这
个险，那就是：一旦我俩的说法被以某种方式加以质问，它们就将
揭示出，应该说快乐是善呢，还是明智是善，甚或某个另外的第三
者是善。因为，现在无疑不是为了这点我们要一争高下，即究竟是 14b5
我所假设的这种东西，还是你所假设的那种东西，将是得胜者，而
是为了那最真的东西，我俩才无论如何都应该并肩作战。

普洛塔尔科斯：确实应该。

苏格拉底：那么，让我们通过一个协议来进一步巩固下面这 14c1
种说法。

普洛塔尔科斯：究竟何种说法？

苏格拉底：就是对所有人带来麻烦的那种说法，并且无论他

14c5 们情愿，还是一些人有时不情愿。

普洛塔尔科斯：请你说得更为清楚些。

苏格拉底：我在说刚才所遇到的那个说法，它在本性上无论
如何都生来是令人惊异的。因为，多是一，以及一是多，说出来
14c10 都确实是令人惊异的；并且，无论一个人提出这两者中的哪一个，
都容易对他加以反驳。

普洛塔尔科斯：那么，你是在这样说吗，那就是：每当有人
14d1 说，我，普洛塔尔科斯，虽然在本性上已经成为了一，但那个我
复又是多，甚至是彼此相反的，只要他把这同一个我确定为既是
大的又是小的，既是重的又是轻的，以及其他成千上万这样的
情形？

苏格拉底：你，普洛塔尔科斯啊，一方面，关于一和多的那
14d5 些令人惊异的事情，你说出了其中一些已经变得众所周知的东西；
另一方面，几乎可以说，它们都已经被所有人同意，不需要触碰
这类事情，因为他们认为它们是孩子气的和容易解决的，甚至对
于各种讨论来说变成了严重的绊脚石，既然连下面这类事情也不
14e1 要去触碰，那就是：每当有人在言说中分开每个人的四肢，此外
还有其各个部分时，一旦他使得另一个人承认所有这些就是那个
一，那么，他就通过嘲笑进行质问，因为那人已经被迫说了一些
怪异的事情，即一是多，甚至是无限的，而多仅仅是一。

14e5 **普洛塔尔科斯**：但你，苏格拉底啊，关于这同样的说法，你
究竟还有哪些其他的事情要说，它们尚未因被同意而变得众所
周知？

15a1 **苏格拉底**：无论何时，孩子啊，只要一个人不像我们刚才说

的那样，在那些既生成又毁灭的东西中设定一[①]。因为，一方面，
到那些东西那里以及就这样一种一，正如我们刚才所说的，已经
被同意了不需要去进行反驳；但另一方面，每当有人试图把人设 15a5
定为一、把牛设定为一、把美设定为一，以及把善设定为一时，
那时关于这些一元[②]以及诸如此类的一元，巨大的热忱就会随着对
它们的一种细分而变成了一种争执。

普洛塔尔科斯：为何？

苏格拉底：首先，是否应当接受这样一些一性[③]是真正是着 15b1
的。其次，这些一性复又是怎样的：虽然它们中的每个始终是同
一的，并且既不容许生成，也不容许毁灭，全都最为牢固地是这 15b5

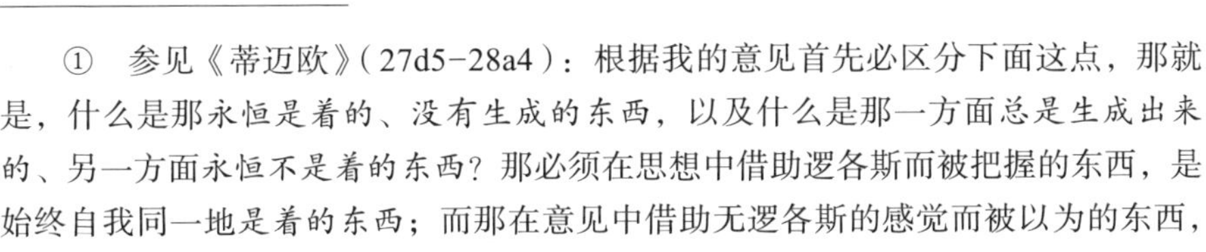

① 参见《蒂迈欧》(27d5-28a4)：根据我的意见首先必区分下面这点，那就是，什么是那永恒是着的、没有生成的东西，以及什么是那一方面总是生成出来的、另一方面永恒不是着的东西？那必须在思想中借助逻各斯而被把握的东西，是始终自我同一地是着的东西；而那在意见中借助无逻各斯的感觉而被以为的东西，则是既生成出来又会毁灭的东西，永远不会以是的方式是着。

② 一元（ἑνάς），当然也可以译为"一性"，这里为了同下面的一性（μονάς）相区别，将之译为"一元"。

③ 一性（μονάς），也可以译为"一元"或"元一"；后世所谓的"单子"（德：Monade；英：monad），即来自该词。

参见《斐洞》(101b9-c7)：然后呢？通过把一增加到一上，增加就是产生出二的原因，或者通过把一分开，分开就是产生出二的原因，难道你就不警惕会这么说吗？其实你会大声喊道，你不知道每个东西会以其他什么方式产生，除了通过分有每个东西自己的、它要分有的所是之外；在所提到的这些情况那儿，你没有二得以产生的其他任何原因，除了对二性的分有之外，并且那些将要是二的东西都必须分有二性，而任何将要是一的东西也必须分有一性。(105c4-6)：什么必须出现在数那里而使得它将是奇数，那么我不会说在它那里必须出现奇数性，而说在它那里必须出现一性。

个一，但在这之后，在那些生成出来的并且复又无穷无尽的东
西那里，或者必须得假设它已经碎裂于其中并且成为了多，或者
就得假设它作为整体同其自身分离——这肯定会看起来是一切
中最不可能的——，从而它作为同一且单一的东西同时出现在一
15c1 和多中。就这类一和多来说，是这些，而不是前面那些，普洛
塔尔科斯啊，才要为所有的困境负责，假如它们没有被很好地达
成一致的话，而如果很好地达成了一致，它们复又会导致疑难的
解决。

15c5 **普洛塔尔科斯**：那么，苏格拉底啊，我们现在岂不必须首先
苦心经营这点？

苏格拉底：至少我会怎么说。

普洛塔尔科斯：那么，也就请你假定在这儿的我们所有人在这样一些方面都同意你；至于菲勒玻斯，或许现在最好不要因询问而惊动他，既然他舒舒服服地躺在那儿。

15d1 **苏格拉底**：好吧！围绕这些有争议的东西的斗争是重大且多
种多样的，一个人应从何处开始这场斗争呢？莫非从这里？

普洛塔尔科斯：从哪里？

苏格拉底：我们无论如何都会说，一和多，虽然由于各种言
15d5 说而成为了同一个东西，但它们总是在各方面于那些被说出的东
西中的每一个那儿打转，无论是过去，还是现在。并且这既从不
会停止，也不是现在才开始；相反，它是这样一种东西，正如
对我显得的那样，即在我们身上各种言说本身的一种不朽的和不
15e1 老的情状。而年轻人中那每回首次体验到它的，他如此地感到快
乐，仿佛已经发现了智慧的某个宝库似的，他既被快乐弄得心醉

神迷[①]，也满心欢喜地使每一种言说运动起来；他时而使之从一边
滚向另一边，并将之糅合成一，时而则再次铺展和分开它，由此
一方面，他首先并且尤其把自己抛入困惑中，另一方面，随后又
把那时常在身边的人抛入困境，无论他恰好是更为年轻的，还是 15e5
更为年长的，还是同龄的；他既不放过父亲，也不放过母亲，也
不放过听者中的其他任何人，差不多甚至连其他动物也不会放过， 16a1
而不仅仅是人，既然野蛮人中的任何一位他都不会放过，只要他
能从某个地方得到一位翻译者的话。

普洛塔尔科斯：难道，苏格拉底啊，你没有看到我们这一大
群人全都是年轻人吗，并且你不害怕我们将同菲勒玻斯一起来攻 16a5
击你吗，假如你指责我们的话？然而，我们其实理解你所说的，
如果有某种方式和办法，一方面能够使得这样一种混乱以某种友
好的方式离开我们的讨论，另一方面能够为我们的讨论找到某条 16b1
比这更好的道路，那么，你只需对这显示出热情，而我们也将力
所能及地进行跟随；因为，现在的讨论可不是无关紧要的，苏格
拉底啊。

苏格拉底：确实不是无关紧要的，孩子们啊，正如菲勒玻斯
在称呼你们时说你们的那样[②]。既没有，也不会出现一条比下面这 16b5

① 动词心醉神迷（ἐνθουσιάω）也拼作 ἐνθουσιάζω；它由介词 ἐν［在……里面］和名词 θεός［神］构成，字面上即“神在里面”，喻为“从神那里得到灵感”“为神附体”“入迷”。

参见《苏格拉底的申辩》（22b8-c2）：因此，关于诗人我不久就再次认识到了这点，那就是他们创作出他们所创作的那些东西，不是靠智慧，而是像那些被神所感召的人和预言者一样，靠某种自然以及通过从神那里得到灵感。

② 这显然是一句有意的奉承话。

条道路更美的道路，这条道路就是：一方面，我始终是它的一位热爱者，另一方面，它也已经时常通过逃走而使我处于孤零零的和无路可走的状态中。

普洛塔尔科斯：这是一条什么样的路？只管让它被说出来！

16c1 **苏格拉底**：虽然指出它完全不困难，但进行运用则非常困难；
因为，所有那些曾经同一种技艺相关而被发现的东西，都是通过
这条道路而被揭示出来的。请你看看我说的这条路。

普洛塔尔科斯：你只管说！

16c5 **苏格拉底**：作为诸神对人的一种馈赠，至少对我显得如此，
它同一种极其光芒四射的火一道，由一位普罗米修斯从诸神的某
个地方扔给我们；并且一些古人——他们比我们更强有力，并且
住得也离诸神更近——，曾传下来了这种传闻，那就是：那些
16c10 总是被称作是着的东西，一方面，它们都是出于一和多，另一方
16d1 面，它们在它们自身那儿就与生俱来地具有限度和无限。因此，
既然这些已经如此这般地被安排了，那关于它们每个我们在任何
时候都必须总是设定一种形式[①]，并探寻它——因为我们将发现它
是内在于其中的——；于是，如果我们把握到了它，那么，就

① 一种形式（μίαν ἰδέαν），也可以译为“单一的形式”；基于这里的讨论，以及为了避免歧义和理解困难，把 ἰδέα 译为“形式”，而不译为“理念”。把 ἰδέα 译为“形式”，还可参见：

《泰阿泰德》（187c3-5）：那么现在你怎么说？有两种形式的判断吗，一种是真实的，另一种是虚假的，你把真判断规定为知识？

《智者》（235c8-d3）：根据已经进行过的划分方式，甚至现在我自己也显得看出了模仿术的两种形式。但所寻求的那种形式，对我们来说它究竟恰好是在两者的哪一个中，我似乎现在尚未能够弄明白。

必须在一种形式之后探知二种形式，假如它们无论如何都是着的话，不然的话，就考察三种形式或其他某个数，并且进而以同样的方式探知那些一中的每一个，直到一个人看到原初的一不仅是 16d5
一、多和无限，而且究竟是多少为止[①]。然而，不要把无限这种形式应用到众多身上，在一个人看清楚它的所有数，即无限和一之间的所有数之前，而只有到那时，他才允许一切中的每个一进入 16e1
到无限中，听之任之。因此，一方面，诸神，正如我所说的，就以这种方式把考察、学习和相互教导这些方法传给了我们。另一方面，现今人们当中的一些智慧者，一则他们随随便便地设立一， 17a1
以及多，并且同应然的相比，不是做得过快，就是做得过慢；一则在一之后，他们径直设立无限，而各种中间的东西逃离了他们——但正是通过这些中间的东西，才区分出了我们彼此之间究竟是以对话的方式在进行讨论呢，还是复又以争吵的方式在进行 17a5
讨论——。

普洛塔尔科斯：在一些方面，苏格拉底啊，我似乎无论如何都理解你，而在另一些方面，我还需要更为清楚地听听你所说的。

---

① 关于这里所讲的，佩利（F. A. Paley）举了一个例子来进行说明，伯里（R. G. Bury）在其关于该对话的注解中也引用了该例子："以快乐为例。作为一种 ἰδέα［形式 / 理念］或一般的抽象，它是一。再把它分为感性的快乐和理智的快乐。然后，再把这两者中的每个都取作为一个 ἕν［一］，并且说感性的快乐是五，每个都对应一种感官。再次，把味觉的快乐取作为一个 ἕν［一］，并且你将得到无限多的食物和饮料。但不要跃入无限，说'快乐！哦，当然，快乐是完全数不尽的和无止境的，'等等。"参见 F. A. Paley, *The Philebus of Plato, translated, with brief explanatory notes*. London (1873), p.13。以及 R. G. Bury, *The Philebus of Plato, edited with Introduction, Notes and Appendices*. Cambridge (1897), p.18。

苏格拉底：普洛塔尔科斯啊，于各种字母那儿，我所说的肯定是清楚的，并且请你就在这些东西中——甚至正是借助它们你
17b1 才已经被教育了——，来把握它。

普洛塔尔科斯：如何把握？

苏格拉底：通过我们的嘴而出的声音，无论如何都既是一，也复又在数量上是无限的，无论是在所有人那儿，还是在每一个人那儿。

17b5 **普洛塔尔科斯**：为何不呢？

苏格拉底：并且我们无论如何都尚不会因这两者的任何一个而是智慧的，无论是因为我们知道它的无限，还是因为知道它的一；相反，知道它是多少以及是怎样，正是这，才使得我们中的每个人成为一个精通文法的人。

17b10 **普洛塔尔科斯**：非常正确。

苏格拉底：而且，那恰好使得我们中的每个人成为一个精通音乐的人的，也正是这同一回事。

普洛塔尔科斯：为何？

17c1 **苏格拉底**：声音，相应于那门技艺[①]，无论如何在它那里也都是一。

普洛塔尔科斯：那还用说？

苏格拉底：而让我们将之设定为二，即低音和高音，以及第
17c5 三种，中音。或者如何？

普洛塔尔科斯：就这样。

---

① 相应于那门技艺（κατ’ ἐκείνην τὴν τέχνην），即相应于音乐（μουσική）。

苏格拉底：而你依然在音乐方面还不会是智慧的，如果仅仅知道这些的话；但假如你连这些都不知道，那么，几乎可以说，在这方面你根本就将是一文不值的。

普洛塔尔科斯：当然。 17c10

苏格拉底：但是，朋友啊，每当你在声音的高和低方面把握
到了各个音程在数量上是多少和是怎样，以及各个音程的界限， 17d1
以及多少个音阶从这些音程中产生出来了——以前的人们观察到它们之后，他们将之传给了我们这些跟在他们后面的人，并把它们称作和声[①]；并且当他们观察到，复又在身体的各种运动中产生
出了其他诸如此类的内在情状，一旦它们确实通过数而得到了测 17d5
量，他们再次说，那就应当将之称作节奏和韵律[②]，此外还要考虑，
必须以这种方式去考察每一种一和多——，当你真的以这种方式 17e1
把握到了所有这些之后，那时你就变得智慧了，而当你也这样通过观察而抓住了那些是着的东西中的任何其他的一，那你由此关于这也就已经成为有头脑的了。而属于每个东西并且在每个东西中的那种无限的众多，在任何时候都使得你无限地远离思想，并且使得你在那些智慧的人中既是不值得被计在内的，也是不值得

① 和声（ἁρμονία），该词的本义是“和谐”“协调”，这里基于上下文将之译为“和声”；如果宽泛地进行理解，其实也可以直接译为“和谐”。该词来自动词ἁρμόζω，而ἁρμόζω的本义是“联结”“绷紧”。“和谐”不仅仅限于音乐或乐音方面，《斐洞》中对之有比较详细的讨论，参见《斐洞》86c6-7：就像在乐音和在匠人们的所有作品中的其他那些和谐一样。

② 韵律（μέτρον）的本义是“尺度”“标准”，但也有“韵律”的意思，从而指“韵文”“诗行”等。

17e5 被算在内的[①]，因为在任何东西那里你都尚未着眼于数来进行打量。

普洛塔尔科斯：至少对我显得，菲勒玻斯啊，苏格拉底已经非常漂亮地说出了刚才所说的那些。

18a1 **菲勒玻斯**：它们确实对我显得也是这样；然而，这番话究竟为何现在被说给我们了，并且它究竟意味着什么呢？

苏格拉底：的确，普洛塔尔科斯啊，菲勒玻斯已经正确地问了我们这个问题。

18a5 **普洛塔尔科斯**：完全如此，也请你务必回答他。

苏格拉底：我会这样做的，不过恰恰就这些事情，我还要略微细说一下。因为，正如这样：如果一个人在某个时候要把握任何的一，那么，这个人，就像我们所说的那样，他不应当径直就
18b1 看向无限这种本性，而是应当看向某个数；反过来也是这样，当一个人被迫首先把握无限时，他也不应该径直就看向一，而是再次应该看清那总是包含着某种众多的某个数，并最终从所有这些那儿抵达一。但让我们重新在诸字母那里来把握现在所说的。

18b5 **普洛塔尔科斯**：如何做？

苏格拉底：自从某位神，甚或某位神一样的人，注意到语音是无限的以后——就像在埃及那儿，有一个传说就把某位透特[②]说成是这样一位——，他首先注意到在无限的语音中的元音字母不

---

① 在那些智慧的人中既是不值得被计在内的，也是不值得被算在内的。（οὐκ ἐλλόγιμον οὐδ' ἐνάριθμον）这是一句戏谑性的双关语。形容词 ἐλλόγιμος 和 ἐνάριθμος 的本义都是“被考虑在内的”“被计算在内的”，引申为“值得重视的”“有名望的”“受人尊敬的”。

② 柏拉图在《斐德若》中也提到了这位透特（Θεῦθ, Theuth）。参见《斐德若》（274c5–275b1）。

是一，而是几个[1]；进而注意到另外一些字母，它们虽然不分有清 18c1
晰的声音，但仍分有某种声响[2]，而其中也有着一定的数目；而且
他还区分出了字母的第三种形式，它们现在被我们称为辅音[3]。在
此之后，他既区分开哑音和辅音，直至每一个为止，也以同样的 18c5
方式分开那些元音和中间音[4]，直到在把握到了它们的数目之后，
再把每一个各自和它们全部一起命名为简单音[5]。然而，由于一方
面他看清了下面这点，即我们中无人能够把它们中的每一个自身
就其自身地弄明白——在没有弄明白它们全部的情况下——，另
一方面，就这种纽带而言[6]，他推断它是一，并且它在某种方式上
使得所有这些成为一，于是，他就说一门技艺是在它们那里，通 18d1
过将之称作文法的技艺而四处嚷嚷。

菲勒玻斯：我已经比前面那些还要更为清楚地理解了这些，普洛塔尔科斯啊，至少就它们两相比较而言；然而，对我来说，

① 古希腊文有七个元音字母，它们是：A(α)、E(ε)、H(η)、I(ι)、O(ο)、Y(υ) 和 Ω(ω)。

② 即广义的 17 个辅音字母中的“半元半辅之音”，也简单称为“半元音”；《牛津希-英词典》举了柏拉图在这里的这个表达，对之的解释是：of semi-vowels。古希腊文一共有八个半元半辅音的字母，它们是：Z(ζ)、Λ(λ)、M(μ)、N(ν)、Ξ(ξ)、P(ρ)、Σ(σ/ς) 和 Ψ(ψ)。

③ 在狭义或严格的意义上，古希腊文一共有九个辅音字母，它们是：B(β)、Γ(γ)、Δ(δ)、Θ(θ)、K(κ)、Π(π)、T(τ)、Φ(φ) 和 X(χ)。

④ 中间音（τὰ μέσα），即前面提到那些“虽然不分有清晰的声音，但仍分有某种声响”的字母，“半元半辅音”字母或“半元音”字母。

⑤ 名词简单音（στοιχεῖον）的基本意思是“最基本的东西”“最简单的东西”，后引申为“元素”“要素”，在语言上则指“语言的基本要素”，即“简单音”或“字母”。这里为了同前面的字母（γράμμα）相区别，将之译为“简单音”。

⑥ 这种纽带，即简单音。

18d5 无论现在还是前不久，于讨论那里有着同样的不足。

苏格拉底：难道是这点吗，菲勒玻斯啊，即这同目的又有何干系？

菲勒玻斯：是的，这正是我们早就在寻找的事情，无论是我，还是普洛塔尔科斯。

苏格拉底：实际上虽然你们其实已经抵达了它那里，但如你
18e1 所说，你们却还在久久地寻找它。

菲勒玻斯：为何？

苏格拉底：我们的讨论起初岂不是关于明智和快乐，即应该选择这两者中的哪一个？

18e5 **菲勒玻斯**：为何不是呢？

苏格拉底：而且我们还说这两者中的每个都肯定是一？

菲勒玻斯：完全如此。

苏格拉底：那么，这岂不正是前面的讨论要求我们回答的，即为何它们两者中的每个既是一，又是多，以及为何都不径直就
19a1 是无限的，而是两者中的每个都已经为自己取得了某一确定的数目，在它们各自成为无限的之前？

普洛塔尔科斯：这可不是一个微不足道的问题，菲勒玻斯啊，我不知道，苏格拉底为何总以这样那样的方式领着我们绕圈子而
19a5 把我们扔入其中。那么，请你考虑一下，我们两人中谁将回答现在被问的那些事情。然而，或许下面这点是可笑的，那就是：虽然我已经完全接替你来进行讨论，但由于没有能力回答现在被问
19b1 的，又只好重新命令你来做这件事。然而，我认为，更为可笑得多的是下面这点，即我们两人中谁都不能作答。因此，请你考虑

一下我们究竟将怎么做。其实在我看来，苏格拉底现在是在问我们快乐的各种形式，它们是着，还是不是着，以及是多少和是怎样；关于明智，也以同样的方式涉及同样这些事情。

苏格拉底：你说得非常正确，卡利阿斯的孩子啊。因为，如 19b5
果我们不能够在每一种一、相似、同一以及在其反面等方面做这件事，正如前面的讨论所揭示的那样，那么，我们中没有任何人会在任何时候在任何事情上变得过有任何的价值。

普洛塔尔科斯：差不多看起来就是这个样子，苏格拉底啊。19c1
然而，虽然认识一切对于清醒的人来说[①]是件美好的事情，但第二次航行[②]似乎是：他不会遗忘他自己。究竟为何我现在要说这
点呢？我将对你进行说明。你不仅把这次聚会，苏格拉底啊，慷 19c5
慨地给了我们所有人，而且也把你自己慷慨地交给了我们所有人，为的是剖判在人的所有物中什么是至善。因为，当菲勒玻斯
说它是快乐、愉悦、高兴，以及所有诸如此类的东西之后，你对 19d1

① 对于清醒的人来说（τῷ σώφρονι），基于文义，这里没有将之译为“对于节制的人来说”。

② 第二次航行（τὸν δεύτερον πλοῦν），当然，基于上下文，这里也可以将之意译为“次好的事情”。关于这一表达究竟在指什么，自古以来就有着各种各样的说法；一般认为和航行有关，即没有风了，就只好使用桨。它也出现在柏拉图的另外两部作品中；参见：

《斐洞》（99c6–d2）：因此，为了知道这种原因究竟是怎么回事，我会非常乐意成为任何人的学生。但既然我已经被剥夺了这点，已经变得既不能自己去发现，也不能从他人那儿学习了，那么，他说，刻贝斯啊，你愿意我对你做一番展示吗，即为了寻找原因我当时是如何进行了第二次航行的？

《政治家》（300c1–4）：因此，对于那些曾对任何事情制定过法和规则的人来说，第二次航行是，从不曾丝毫容许个人或大众做违背它们的任何事情。

之进行了反驳，说它不是这些，而是我们经常自愿提醒我们自己
的那些；而我们也做得正确，以便它们各自通过被摆在记忆中而
能够得到检测。而且你说，如看起来的那样，那将被正确地称作
无论如何都比快乐更善的一种善，是理智、知识、睿智、技艺，
19d5 以及所有其他与这些同家族的东西，应当拥有它们，而不是拥有
前面那些东西。于是，当这两方的争执各自被说出来之后，我们
19e1 就闹着玩地威胁你说，我们将不会放你回家，在某个合适的限度
因这些说法被界定而出现了之前；而既然你已经应允了这点，并
为了这些而把你自己交给了我们，那我们就要说——就像孩子们
那样——，把那些已经被正确给出的东西没收回去，这是不可能
19e5 的。因此，就现在所说的那些东西，请你停止用这种方式来面对
我们！

苏格拉底：你在说哪种方式？

20a1 **普洛塔尔科斯**：通过把我们扔进困惑中，并询问我们在目前
尚没有能力对你给出一个合适的回答的那些问题。因为，让我们
不要认为，我们所有人现在的困惑，对我们来说就是一种目的，
20a5 相反，如果我们没有能力做这件事，那你就必须做它，因为你许
诺过。因此，请你自己对此做出决定，你必须划分出快乐的各种
形式以及知识的各种形式呢，还是应该放弃这件事——假如你无
论如何都能够以另外某种方式，以及愿意用其他办法来澄清在我
们面前现在所争执的那些事情的话——。

20b1 **苏格拉底**：那么，一方面，我这种人就不再需要预期还将面
对任何可怕的事情，既然你都如此这样说了；因为，当如果你愿
意这个表达被说出来之后，它就消除了关于每件事的每一种恐惧。

另一方面，除了这些，在我看来诸神中的某位已经赐予我们了某种记忆。

普洛塔尔科斯：究竟是何种，以及关乎哪些事情？ 20b5

苏格拉底：我很久以前曾经听到过一些说法，或者在梦里，甚或在我醒着的时候，我现在想起来它们是关乎快乐和明智的；它们说这两者中没有一个是善，而是另外某个第三者，它一方面异于这两者，另一方面又比这两者更善。然而，如果现在这真的清楚地对我们显明出来，那么，快乐就已经被排除在得胜之外了； 20c1
因为，善不再会变得与它是同一的。或者怎样？

普洛塔尔科斯：就这样。

苏格拉底：那么，根据我的看法，我们无论如何都将不再另外需要前去对快乐的各种形式进行一种划分；而随着讨论往前走， 20c5
它将更加清楚地将之展示出来。

普洛塔尔科斯：说得非常好，也请你以这种方式抵达终点！

苏格拉底：那么，让我们事先还要就某些小的事情达成一致。

普洛塔尔科斯：哪些事情？

苏格拉底：善，就其应得的份额来说，必然是完满的呢，还 20d1
是不完满的？

普洛塔尔科斯：无疑是一切中最完满的，苏格拉底啊。

苏格拉底：然后呢？善是充足的吗？

普洛塔尔科斯：为何不？而且恰恰在这点上它无论如何都胜 20d5
过所有其他是着的东西。

苏格拉底：而且如我所认为的那样，对之说出下面这点乃是最必然的，那就是：所有认识它的，都追求和渴望它，想把它弄

20d10 到手，以及为了它自身而拥有它，并且不操心其他任何东西，除了那些伴随着诸善而被完成的东西之外。

普洛塔尔科斯：不可能反驳这些。

20e1 **苏格拉底**：那么，让我们考虑和判断一下快乐这种生活以及明智这种生活，通过分别看看它们。

普洛塔尔科斯：你如何说？

苏格拉底：既不让明智是在快乐中，也不让快乐是在明智
20e5 中！因为，假如这两者中的任何一个是善，那么，任何一个都不
21a1 再另外需要任何东西。而无论哪个显得需要，那么对我们来说，它无论如何都不再是*以是的方式是着的*善。

普洛塔尔科斯：那怎么可能？

苏格拉底：那么，我们可以尝试在你身上检测这些吗？

21a5 **普洛塔尔科斯**：完全可以。

苏格拉底：那就请你作答！

普洛塔尔科斯：你说吧！

苏格拉底：你会接受下面这点吗，普洛塔尔科斯啊，即通过享受各种最大的快乐而活过整个一生？

21a10 **普洛塔尔科斯**：为何不呢？

苏格拉底：那你会认为你还另外需要其他某种东西吗，如果你完全拥有这点的话？

普洛塔尔科斯：绝不。

苏格拉底：那么请你看看，具有明智、进行理解和计算那些
21b1 所需要的东西，以及这些的所有姊妹们，在这些方面难道你也会一无所需？

普洛塔尔科斯：为何需要呢？因为，我肯定会拥有一切，如果我拥有享乐的话。

苏格拉底：那么，如果这样活着，那你终生总是都会享乐那些最大的快乐吗？

普洛塔尔科斯：为何不？ 21b5

苏格拉底：但是，如果你未曾拥有理智[①]、记忆、知识以及真判断[②]，那么，首先恰恰就下面这点，即你是感到高兴呢，还是感到不高兴，你必然无疑不知道，假如你真的对整个明智是空空如也的话。

① 理智（νοῦς），似乎直接音译为“努斯”更好。

② 真判断（δόξα ἀληθής），当然也可以译为“真意见”。在《泰阿泰德》中详细讨论过真判断 / 真意见（δόξα ἀληθής），以及它同知识（ἐπιστήμη）的关系。对之可参见：

《泰阿泰德》（201c8–d2）：苏格拉底啊，我刚才忘记了我曾听一个人说的，不过现在想起来了。但他说：带有理据的真判断是知识，而无理据的真判断则是在知识之外。

《政制》（506c6–10）：“然后呢？”我说，“难道你没有注意到，缺乏知识的意见，它们全都是一些丑陋的东西？其中那些最好的也仍然是瞎盲的；或者在你看来，那些没有努斯却持有某种真意见的人，同那些正确地走在路上的盲人有某种不同？”“没有任何不同。”他说。

《蒂迈欧》（51d3–e6）：如果努斯和真意见是两种不同的类型，那么，这些在其自身的、不能被我们所感知而只能被思想的形式就一定是着。但是，如果如一些人所看来的那样，真意见和努斯并无任何的不同，那么，我们通过身体所感知到的所有东西就必然要被确立为最可靠的。但必须得说这两者是不同的，因为它们分离地各自产生出来，并且彼此也不相似。其中一个通过教导，另一个靠说服而产生给我们；一个总是带有真的逻各斯，另一个是无逻各斯的；一个不为说服所动，另一个则向它敞开了大门。必须得说，所有人都分有真意见，而只有神和少数人分有努斯。

21b10 **普洛塔尔科斯**：必然。

21c1 **苏格拉底**：而且同样地，如果你不拥有记忆，那么，下面这
点就无疑是必然的，那就是：你既不记得你曾经在某个时候感到
高兴过，对当下所降临的快乐的任何记忆也不会在你那里存留下
来。再次，如果你不拥有真判断，那么，你就不可能判断你在感
21c5 到高兴——当你感到高兴时——；而如果你缺乏计算能力，那你
就不可能计算到在以后的某个时间你将感到高兴。而这样一来，
你就没有在过人的生活，而是在过某种水母的生活，或者海洋中
21d1 所有那些带着有壳的身体的活物的生活。就是这样呢，还是除了
这些之外我们能够设想其他的情形？

普洛塔尔科斯：怎么会呢？

苏格拉底：那么，对我们而言，这样一种生活是值得选择
的吗？

21d5 **普洛塔尔科斯**：苏格拉底啊，这种说法现在已经把我完全扔
进了无言以对中。

苏格拉底：那我们也不应就到了服软的地步，而是通过复又
拾起理智之生活，让我们来看看它。

普洛塔尔科斯：你究竟在说何种生活？

苏格拉底：这种：我们中是否有人复又会选择过这样一种生
21d10 活，一方面，他拥有明智、理智、知识，以及对每一事物的完整
21e1 记忆，另一方面，他既不分有快乐，无论大还是小，也不分有痛
苦，而是完全不受所有这样一些东西的影响。

普洛塔尔科斯：这两者中没有一种生活，苏格拉底啊，至少
对我显得是值得选择的，如我所认为的，对其他任何人也从不会。

苏格拉底：但两者合在一起的生活又如何呢，普洛塔尔科斯啊，即通过双方的混合而产生出来的一种结合的[①]生活？

普洛塔尔科斯：你在说快乐同理智或明智的混合？

苏格拉底：是这样，我也的确就在说这样一种东西。

普洛塔尔科斯：每个人无疑都肯定将优先选择这种生活，而非那两种生活中的任何一种；此外，绝不会一个人将这样选择，而另一个人不将这样选择。

苏格拉底：那么，我们弄明白了，目前这些讨论中的结论现在对我们来说是什么吗？

普洛塔尔科斯：当然，那就是：一方面，确实有三种生活已经被提供出来了，另一方面，其中两种，没有一个是充足的，或值得选择的，无论是对任何人来说，还是对任何活物来说。

苏格拉底：那么，关于这两者下面这点岂不肯定已经是一清二楚的，那就是，它们中没有一个拥有善？因为，如果是那样的话，那它对所有那些已经有能力终身都以这种方式活着的植物和动物来说，就已经是充足的、完满的和值得选择的。而如果我们中有人选择了一些其他的东西，那他就是背离了那真正值得选择的东西之本性而不情愿地获得了它们，要么出于无知，要么出于某种不幸福的必然。

普洛塔尔科斯：无论如何看起来就是这样。

苏格拉底：因此，至少不应该把菲勒玻斯的女神和善考虑为

① 结合的（κοινός）的本义是“共同的”，但基于文义，以及为了避免歧义，这里将之译为“结合的”；当然，也可以译为“组合的”。

是同一的，在我看来这已经说得够充分了。

菲勒玻斯：其实你所说的理智，苏格拉底啊，也不是善；相反，它无论如何都将面临同样的指控。

22c5 **苏格拉底**：有可能，菲勒玻斯啊，我所说的理智确实不是善。然而，那既真实同时又神圣的理智，我认为它肯定不接受该指控，而无论如何都处于另外某种状态。因此，面对结合的生活，一方面，我还未代表理智要求头等奖，但关于二等奖，则必须看
22d1 看和考虑一下，我们将为之做些什么。因为，有可能我们两人各自都在为这种结合的生活寻找原因，一个认为理智是原因，而另一个则认为快乐是原因；而这样一来，虽然这两者中没有哪个
22d5 会是善，但或许有人会认为两者中的某一个是原因。因此，正是在这点上，我还会更加坚决地同菲勒玻斯战斗到底，那就是：在这种混合的生活中，无论那种东西——这种生活通过抓住它而成为既是值得选择的，同时又是善的——究竟是什么，它都不是快乐，而是那与之更为同家族和更为相似的理智，并且按照这种说
22e1 法，从不会真正说快乐分享头等奖，进而连二等奖也不会；甚至离三等奖也还远得很，假如现在我们必须在某种程度上相信我所说的理智的话。

22e5 **普洛塔尔科斯**：真的，苏格拉底啊，的确目前在我看来，一方面，由于你，快乐仿佛因被现在的那些说法打击而已经垮掉；
23a1 因为在为了头等奖而进行战斗后，它躺下了。另一方面，理智，如看起来的那样，必须得说，它已经明智地不去竞争头等奖；因为那样的话它就会遭受同样的命运。而快乐，如果它连二等奖都被剥夺了，那么，它就会在它的那些爱慕者面前彻彻底底地蒙受

某种耻辱；因为那样一来，甚至对于那些人，它都不再会同样地 23a5
显得如过往那般美丽。

苏格拉底：那么，然后呢？这样岂不更好，那就是，从现在起把它扔到一边，并且不因把最严格的试金石用到它身上并进行拷问而使之感到痛苦？

普洛塔尔科斯：你在瞎说，苏格拉底啊。

苏格拉底：因为我说了不可能的事情：使快乐感到痛苦？ 23b1

普洛塔尔科斯：肯定不仅如此，而且因为你不知道，我们中无人将在你做到下面这点之前就放你走，那就是，你通过讨论抵达了这些事情的终点。

苏格拉底：我的天，普洛塔尔科斯啊，一方面，余下的讨论 23b5
何其长！另一方面，差不多在现在它也根本就是一件不容易的事！事实上，它显得需要另外的办法，好像为了代表理智向着二等奖进军而有着异于前面那些讨论的各种武器似的；不过，或许一些也是相同的。难道不应该这样吗？

普洛塔尔科斯：为何不呢。 23b10

苏格拉底：那就让我们试着务必好生留意，当我们确定它的 23c1
起点时。

普洛塔尔科斯：你究竟在说何种起点？

苏格拉底：让我们把现在于世界中是着的所有东西一分为二，
甚至是，如果你愿意，一分为三。 23c5

普洛塔尔科斯：按照什么，你能够说明一下吗？

苏格拉底：让我们拾起刚才讨论中的某些东西。

普洛塔尔科斯：哪些？

苏格拉底：我们肯定曾说过[①]，关于诸是者，神一方面揭示出了其无限，另一方面也揭示出了其限度。

普洛塔尔科斯：完全如此。

苏格拉底：那就让我们把这两者设定为两个种类，而第三个，则是由这两者所混合而成的某种一。不过，如看起来的那样，我是一个可笑的人，由于我按照是者的种类来分开和列举是者。

普洛塔尔科斯：你在说什么呢，好人啊？

苏格拉底：在我看来，此外还需要第四个种类[②]。

普洛塔尔科斯：那就请你说说还需要哪个。

苏格拉底：请你看看这两者彼此混合在一起的原因，并且请你为我把这设定为在那三个种类之外的第四个[③]。

普洛塔尔科斯：那你岂不也将还需要某一第五个种类，它能够导致它们分离[④]？

---

① 参见前面 16c 以下。

② 我这里不加区分地把 εἶδος 和 γένος 均译为“种类”。

③ 关于这里所说的“原因”，可对观《斐洞》(97b8-d1)：然而，当我有次听到某个人在读一本书——据他说，是阿那克萨戈拉的——，并且说其实理智才是进行安排的和对万物负责的，我的确对这一原因感到满意，并且在我看来理智是对万物负责的，这无论如何都是恰当的；我也认为，如果这就是这样，那么，进行安排的理智就肯定会安排万物，并且会如其是最好的那样安置每个东西。因此，如果一个人想为每个东西找到它如何生成、如何毁灭或者如何是着的原因，那么，就必须为它找到下面这点：如何对它来说才是最好的，或者就是着而言，或者就遭受其他任何事情而言，或者就做其他任何事情而言。

④ 关于这里提到的五个“种类”或“属”，可参见普鲁塔克(Plutarch)在《论在德尔菲旁的 EI》(De EI apud Delphos)中的相关论述(391b4-391c4)：当然，你一定知道柏拉图在《智者》中证明了最首要的本源是五个：是者、同、异，除此之外第四和第五个分别是动和静。但在《菲勒玻斯》中他使用了另外的划分方法，

苏格拉底：或许吧。但我至少认为在目前还不需要；然而，如果真的需要，那你无论如何都要原谅我，当我追踪某一第五个 23e1
种类时。

普洛塔尔科斯：那还用说？

苏格拉底：那么，首先，我们从那四个种类中分出前三个，就其中的两个，当我们看到两者中的每个都由于被分裂和被撕碎而成为了多之后，我们复又把它们每个都聚集为一，让我们尝试 23e5
理解，究竟在何种方式上它俩中的每个向来既是一，又是多。

普洛塔尔科斯：关于它们，如果你对我说得再更为清楚些，我或许会跟上。

苏格拉底：那好，我说，我现在提出的这两个，同我刚才曾 24a1
说过的是同一的，那就是，一个为*无限*，另一个为*有限度*。而在某种方式上，*无限是多*，我将试着对之进行解释；至于*有限度*，就让它等我们一会儿吧。

普洛塔尔科斯：它正等着。 24a5

苏格拉底：那就请你考虑一下吧。虽然我要求你观察的那种东西既是困难的，又是有争议的，但仍然请你观察一下。关于*更热和更冷*，首先请你看看，你是会在某个时候洞察到*某个限度*呢，还是说，居住在是者之诸种类本身中的那种*更多和更少*，只要它 24b1

（接上页）并说一个是无限，另一个是限度，所有的生成都由这两者的混合而来；而他把它们由之混合的原因确定为第四个属。他把第五个——通过它混合在一起的东西再度获得了分解和分离——留给我们去猜想。我推断这些同前面说的那些相似：被生成出来的东西相应于是者，无限相应于运动，限度相应于静止，进行混合的本源相应于同，而进行分离的本源相应于异。

俩还寓居其中，那它俩根本就不曾容许过某个终点出现；因为一旦某个终点出现了，那它俩自己也就已经走向了终点。

普洛塔尔科斯：你说得非常对。

苏格拉底：而我们肯定会说，在更热和更冷中，永远还寓居着更多和更少。

普洛塔尔科斯：完全如此。

苏格拉底：那么，道理就向我们显明，这两者永远没有终点。然而，既然它俩是无终点的，那它俩就全然变成了无限的。

普洛塔尔科斯：强烈同意，苏格拉底啊。

苏格拉底：而你也确实很好地进行了把握，亲爱的普罗塔尔科斯啊，并且提醒我注意到了下面这点，那就是：你刚才表达出来的这种强烈，其实还有略微，它俩都具有同更多和更少一样的能力。因为，无论它俩身居何处，它俩都不容许各自是某一定量，相反，它俩总是通过给每一行为都塞进相较于柔和些的强烈些——以及反过来加上相较于强烈些的柔和些——，而引起更甚和更差，并且使定量消失不见。因为正如刚才所说，如果它俩不让定量消失不见，而是容许它以及量值出现在更多和更少、强烈和略微所在的处所，那么，后面这些就将从它们曾处于其中的那个它们自己的位置上滚蛋[①]。因为，一旦更热或更冷取得了定量，那它俩就不再是更热和更冷了。因为更热总是往前走、不停留，

① 这里的说法可对观《斐洞》(103d5–8)：但我想你会这样认为，那就是：雪，只要它是雪，那么它就从不曾接纳过热的东西，就像我们在前面说过的那样，它将仍然是它向来所是的，即雪，热的东西亦然；而当热的东西走近时，雪要么将从它那儿撤退，要么将毁灭。

并且更冷也同样如此；而定量则站立不动，停止往前。因此，根 24d5
据这个道理，更热连同它的反面都会成为无限。

普洛塔尔科斯：确实显得如此，苏格拉底啊；然而，也正如
你所说，这些事情是不容易跟上的。不过，如果它们一而再再而
三地被说了，那么，或许那进行问的人和那被问的人最终会显得 24e1
就它们充分地达成了一致。

苏格拉底：你说得很好，并且也必须尝试这样做。然而，现
在请你看看，我们是否把下面这点接受为无限这种本性的一种标 24e5
记，以免我们由于在方方面面都进行详述而拖长谈话。

普洛塔尔科斯：你究竟在说何种标记？

苏格拉底：这种：任何能够对我们显得成为更多和更少的东
西，以及能够接受强烈、略微、非常以及所有诸如此类的情形的
东西，我们应当把所有这些都置入无限这一种类中——就像置入 25a1
一中似的——，根据前面我们曾说过的那种道理，即必须通过力
所能及地把所有那些已经被撕碎和被分开了的东西领到一起而为
之标记某种单一的本性，如果你还记得的话。

普洛塔尔科斯：我记得。 25a5

苏格拉底：因此，那些不接受这些情形，而是接受这些情形
的所有反面的东西，首先是相等和相等性，在相等之后是两倍，
以及所有任何表现一种关系的，如某个数之于另一个数，或者某 25b1
个量值之于另一个量值；如果我们把所有这些都算入限度中，那
我们岂不看起来好好地做了这点。或者，你怎么说？

普洛塔尔科斯：确实做得很好，苏格拉底啊。

苏格拉底：好吧！至于从这两个种类混合而成的第三个种类， 25b5

我们会说它拥有何种形相[①]呢？

普洛塔尔科斯：你也会向我说明的，我认为。

苏格拉底：不是我而是一位神会向你说明，假如在诸神中真的出现了一位听取我的祈祷的神的话。

25b10 **普洛塔尔科斯**：那就请你祈祷吧，并留意他是否会那么做。

苏格拉底：我在留意；并且在我看来，普洛塔尔科斯啊，他们中有位刚刚变得对我们友好起来。

25c1 **普洛塔尔科斯**：你为何这么说呢，并且你使用了什么证据？

苏格拉底：我将进行说明，这是显而易见的；不过请你一定要跟随我的讨论。

普洛塔尔科斯：你只管说！

25c5 **苏格拉底**：我们刚才肯定谈到了诸如更热和更冷这样的东西。
难道没有吗？

普洛塔尔科斯：有。

苏格拉底：那么，在它们之外，请你再加上更干和更湿、更
25c10 长和更短、更快和更慢、更大和更小，以及所有那些我们在前面
将之置入一个种类——而这一种类是这样一种本性，这种本性接
受更多和更少——中的东西。

25d1 **普洛塔尔科斯**：你是在说无限这种本性？

苏格拉底：是的。但在此之后，请你再次把限度的整个家

① 何种形相（τίνα ἰδέαν）。这里基于文义，把 ἰδέα 译为“形相”，而不译为“理念”。

庭[1]混合到它里面去。

普洛塔尔科斯：什么样的家庭？

苏格拉底：也就是刚才我们应该对之做却没有做的那个家庭： 25d5
正如我们曾把无限的整个家庭聚集成一个种类，同样地，我们也应当把有限的整个家庭聚集成一个种类，但我们却没有将之聚集成一个种类。不过，或许现在你将做同样的事情，如果这两者各自都被聚集成一个种类了，那么，那第三个家庭[2]也就将变得一清二楚。

普洛塔尔科斯：第二个家庭究竟是个什么样的家庭，并且你 25d10
为何这么说？

苏格拉底：相等和两倍所属于的那个家庭，以及任何这样的
家庭：它终结那些彼此相反的东西处于不同的状态，通过引入某 25e1
个数而使得它们成为了可以用同一标准衡量的和发出同样声音的。

普洛塔尔科斯：我懂了。因为对我而言，你显然在说，一旦你把这两者混合起来，那么，一些确定的生成就在它俩的每一个那儿出现。

苏格拉底：因为我显然说得正确。 25e5

普洛塔尔科斯：那就请你继续说！

苏格拉底：在各种疾病中，无限和限度这两者的正确结合岂

---

① 限度的整个家庭（τὴν ... τοῦ πέρατος γένναν），也可以译为“限度的后裔”。名词 γέννα 在诗歌中等于种类 / 属 / 家族（γένος），但它自身则具有“后裔”“子孙”“家族”“家庭”的意思。《牛津希-英词典》举了柏拉图在这里的这个表达，对之的解释是：race, family。

② 即由“有限”和“限度”结合而成的那些东西所组成的家庭。

不就产生出了健康之本性？

26a1 **普洛塔尔科斯**：完全如此。

苏格拉底：而在高和低，以及快与慢那儿——它们是无限的——，下面这些岂不同样地出现在了它们那里，那就是：形成了某一限度，从而同时最完满地组成了整个音乐？

26a5 **普洛塔尔科斯**：确实非常漂亮地组成了整个音乐。

苏格拉底：而且当无限和限度这两者的正确结合出现在严寒与闷热中时，一方面，太过分和无限被取走，另一方面，合尺度以及同时可以用同一标准进行衡量被形成。

普洛塔尔科斯：为什么不呢。

26b1 **苏格拉底**：那么，岂不从这两者中出现了四季以及所有那些已经对我们产生出来了的美好的东西，当那些无限的东西和那些有某种限度的东西混合在一起时？

普洛塔尔科斯：那还用说？

26b5 **苏格拉底**：当然，还有其他成千上万我留下没有说的，诸如同健康相伴随的美丽和力量，此外还有在灵魂中的大量其他极好的品质。因为，诚然所有事情中的放纵和全部邪恶，俊美的菲勒玻斯啊，当这位女神[①]洞察到，无论是各种快乐之限度，还是各种
26b10 满足之限度，都没有在它们中时，她就确立了法则和秩序——因
26c1 为这两者都具有某种限度——。虽然你声称她在进行折磨，但相

---

① 这位女神（αὕτη ... ἡ θεός）究竟指谁，有争议。一种看法认为，指的是前面12b7-9那里所提到的爱神“阿佛洛狄忒”或快乐女神“赫多涅”；另一种看法则认为指和谐女神“哈耳摩尼亚（Ἁρμονία）”，我本人持这一看法。不过，根据希腊神话，哈耳摩尼亚是战神阿瑞斯和阿佛洛狄忒的女儿。

反，我却说她在实施拯救。而对你，普洛塔尔科斯啊，她又显得如何呢？

普洛塔尔科斯：相当地，苏格拉底啊，也确实合我心意。

苏格拉底：因此，我已经说出了这样三个种类，如果你理解了的话。

普洛塔尔科斯：我当然认为我理解了。因为在我看来，其中 26c5
一个种类，你将之称作无限；而另一个种类，即第二个种类，你将之称作在诸是者中的限度。但第三个种类，我完全没有把握到你想指示什么。

苏格拉底：因为，第三个种类中的众多生成[①]，令人钦佩的人
啊，已经使你惊慌失措了；然而，虽然无限也确实提供了许多的 26d1
种类，但是，当它们被用更多及其反面这一种类打上封印之后，它们就作为一显现出来了。

普洛塔尔科斯：你说得对。

苏格拉底：当然，至于限度，我们肯定不曾对之感到过烦恼，
无论是就前面所表明的它具有多[②]，还是就它在本性上不是一。 26d5

普洛塔尔科斯：那怎么会呢？

苏格拉底：决不会。然而，关于第三个种类，你可以认为我在说——当我把这两者的所有孩子确定为这种一时——一种生成，即

① 第三个种类中的众多生成（τὸ ... πλῆθός ... τῆς τοῦ τρίτου γενέσεως）是一个整体，这是意译，甚至可以进一步意译为“第三个种类，即众多的生成”。按字面翻译是“在第三个种类之生成中的众多”。根据前面 25e3-4，第三个种类就是无限和有限所结合而来的各种确定的“生成（γένεσις）”。

② 参见前面 25a5 以下，以及 25d5 以下。

基于伴随着限度而被实现出来了的那些尺度向着所是的一种生成[①]。

26d10 **普洛塔尔科斯**：我明白了。

26e1 **苏格拉底**：但除了这三个种类之外，我们还曾说[②]有着某一第四个种类，必须得对之进行考察。而该考察对我们来说是共同的。那就请你看看，是否在你看来，所有被生成的东西都必然是通过某个原因而生成出来的？

26e5 **普洛塔尔科斯**：在我看来确实如此。因为，离开了这点它们如何能够生成出来呢？

苏格拉底：那么，创制者的本性——除了在名称上不同之外——，岂不与原因的本性并无任何的不同，而创制者和原因，也会正确地被称作一？

普洛塔尔科斯：正确地被称作一。

27a1 **苏格拉底**：而且进而就被创制者和生成出来的东西而言，除了在名称上不同之外，正如刚才在创制者和原因那儿一样，我们也将发现它们并无任何的不同。或者怎样？

普洛塔尔科斯：就是这样。

27a5 **苏格拉底**：那么，岂不一方面，创制者在本性上就总是进行领导，另一方面，被创制者作为生成出来的东西则跟随其后？

普洛塔尔科斯：完全如此。

苏格拉底：那么，原因和为了生成而服务于原因的东西就是

---

① 向着所是的生成，参见《智者》（219b4-6）：所有先前并不是着的东西，当有人后来将之带引进所是，我们肯定就把那进行带引的，称作在进行创制，而把那被带引出来的，称作被创制。

② 见前面 23d5 以下。

相异的，它们并不是同一的。

普洛塔尔科斯：那还用说？ 27a10

苏格拉底：于是，一方面，生成出来的东西以及由之一切才得以生成出来的那两种东西，岂不提供给我们了那三个种类？

普洛塔尔科斯：确实。

苏格拉底：另一方面，我们肯定把那创造所有这些生成出来的 27b1
东西的称作第四个种类，即原因，因为已经充分显明它异于那三个。

普洛塔尔科斯：确实异于。

苏格拉底：下面这样无疑是正确的，那就是：当这四个种类
被分开后，为了记住每一个，依次把它们列举一遍。 27b5

普洛塔尔科斯：为何不呢？

苏格拉底：因此，我说第一个是无限，第二个是限度，然后第三个是从这两者混合并生成出来的所是；而另一方面，当我说
第四个是混合和生成之原因时，我不至于弹错了某种调吧？ 27c1

普洛塔尔科斯：那怎么会？

苏格拉底：那就来吧！在此之后，我们的讨论将是什么呢，
并且我们究竟在意愿什么而抵达了这些？岂不就是下面这点？那 27c5
就是，我们曾探究二等奖到底会成为谁的，是快乐呢，还是明智。难道曾不是这样吗[①]？

普洛塔尔科斯：确实就是这样。

苏格拉底：那么，也许现在——当我们已经这样分开了这些
东西之后——，我们就能更漂亮地就第一和第二等奖做出决定， 27c10

① 参见前面 22a 以下。

正是关于它们我们首先发生了争论。

普洛塔尔科斯：也许。

27d1 **苏格拉底**：好吧！我们肯定已经把快乐与明智的混合生活确
定为了胜利者。是这样吗？

普洛塔尔科斯：是的。

27d5 **苏格拉底**：那我们岂不也肯定看到了，这种生活是什么，以
及属于哪个种类？

普洛塔尔科斯：怎么不呢。

苏格拉底：我认为，我们还要说它是第三个种类的一个部分；
因为那个种类不是来自任意两个东西的一种混合，而是出于已经
27d10 被限度所捆绑的所有无限的东西；因此，这种得胜的生活就会正
确地成为了那个种类的一个部分。

普洛塔尔科斯：确实非常正确。

27e1 **苏格拉底**：好吧！而你的，菲勒玻斯啊，那种快乐的且不混
合的生活又是这样的呢？当它在前面已经讲到的那些种类中的哪
个种类中被说时，才会被说得正确？不过在回答之前请你先回答
我下面这点。

菲勒玻斯：你只管说。

27e5 **苏格拉底**：快乐和痛苦这两者有着一种限度呢，还是说，它
俩是在那些接受更多和更少的东西中？

菲勒玻斯：是的，它俩是在那些接受更多的东西中，苏格拉底啊；因为，快乐向来就不会是一种完全的善，除非它生来就恰好在众多和更多方面是无限的。

28a1 **苏格拉底**：那样的话，菲勒玻斯啊，痛苦也肯定不会是一种完

全的恶。因此，我俩必须考察某种异于无限这种本性的东西，它为各种快乐提供了善的某个部分。那么，就让我们暂且同意你，快乐和痛苦这两者属于那些走不到尽头的东西吧！但就明智、知识和理
智，普洛塔尔科斯和菲勒玻斯啊，我们现在把它们置于前面曾说的 28a5
那些种类的哪个中，而不至于在亵渎神呢？因为在我看来，危险对我们来说可不小，即我们是否成功对现在被问的事情进行了回答。

菲勒玻斯：那是因为你在抬高，苏格拉底啊，你自己的神[①]。 28b1

苏格拉底：因为你也在抬高，朋友啊[②]，你自己的女神；但是，我们仍然必须得说说那被问的事情。

普洛塔尔科斯：苏格拉底的确说得正确，菲勒玻斯啊，我们 28b5
也应该听从他。

菲勒玻斯：普洛塔尔科斯，你不是已经选择代表我说话吗？

普洛塔尔科斯：完全如此。然而，我现在差不多有些走投无路了，并且我也请求，苏格拉底啊，你本人成为我们的代言人[③]，
以免我们由于对你所提出的竞争者犯下错误，从而不着调地[④]说出 28b10
某种东西来。

① 参见前面 22c 以下。

② 名词 ἑταῖρος，一般指"伴侣""同伴"，这里简单译为"朋友"。

③ 代言人（προφήτης）的本意是"解释神意的人""宣讲神谕的人"，泛指"解释者""代言人"。

④ 不着调地（παρὰ μέλος）是词组，有意按字面意思翻译；当然也可以译为"不正确地""不恰当地"。名词 μέλος 除了具有"四肢""肢"这一基本意思之外，在音乐中指"曲调"。παρὰ μέλος 的意思是"不恰当地""不正确地"，同合适地 / 恰当地 / 正确地（ἐν μέλει）相对；《牛津希-英词典》举了柏拉图在这里的这个表达，对 παρὰ μέλος 的解释是：incorrectly, inopportunely。

28c1 **苏格拉底**：我必须服从，普洛塔尔科斯啊。因为你并没有在命令一件困难的事情。但是，我真的把你，如菲勒玻斯所说的那样，在开玩笑中抬高我的神而把你扔进困惑中了吗，当我询问理智和知识是属于哪个种类时？

28c5 **普洛塔尔科斯**：完全如此，苏格拉底啊。

苏格拉底：无疑是容易回答的；因为所有智慧的人都异口同声地说——其实他们是在抬高他们自己——，对于我们而言，理智是天地之王。或许他们也说得好。而如果你愿意，就让我们用更长的时间来对它所属于的这个种类本身进行一番考察吧。

28d1 **普洛塔尔科斯**：请你说吧，无论你愿意以何种方式；至于长度，你根本无需为我们考虑，苏格拉底啊，因为你不会招致我们的恨意。

苏格拉底：你说得很好。那就让我们这样开始吧，通过重新问下面这点。

普洛塔尔科斯：怎样？

28d5 **苏格拉底**：这样：普洛塔尔科斯啊，监管万有和这个所谓的整全的，我们说，是一种无理性的和随意的力量，并且无论怎样都仅仅是碰巧呢，还是反过来，就像我们的前人们曾说过的那样，理智和某种令人惊异的明智通过进行安排而自始至终地掌着舵[①]？

---

① 参见《智者》(265c1–9)：**客人**：一切有死的动物，以及在大地上从各种种子和根系生长出来的植物，还有在大地上组成的所有无生命的形体——无论是可溶解还是和不可溶解——，难道我们将说，当不同于神的某种其他的东西进行做工后，所有这些先前并不是着的东西后来才生成出来？或者我们采用多数人的见解和说法……。**泰阿泰德**：哪种？**客人**：这种见解和说法认为自然从某种自发的且无思想地进行生成的原因中生成出它们；或者，该原因带有理性和产生自神的神圣的知识？

普洛塔尔科斯：根本就不可以两相比较，令人称奇的苏格拉 28e1
底啊。因为你现在所说到的前一个，它对我显得根本就是不虔敬的。而后一个，即说理智使它们全部都处于秩序中，这配得上宇
宙、太阳、月亮、星辰和天宇的整个旋转之景象；并且关于它们， 28e5
我既从不会说任何其他的，也从不会持有任何其他的意见。

苏格拉底：那么，你也真的愿意我们是下面这样吗：我们应
当完全赞同那被前人们所同意的，说这些就是这样，并且我们不 29a1
仅应当认为必须毫无风险地说出其他人的观点，而且应当同他人一起冒风险以及应当分担指责，每当一个非常强大的人[1]说这些不是这样，而是处于无秩序的状态中时？

普洛塔尔科斯：我怎么会不愿意呢？ 29a5

苏格拉底：好吧！那就请你留意一下现在降临在我们头上的关于这些事情的那种说法。

普洛塔尔科斯：你只管说！

苏格拉底：同所有活物的身体之本性相关的那些东西，即火、 29a10
水和风，以及地——就像一些人，当他们在风暴中遭大难时喊出的——，我们无论如何都应该看到它们都位于其构造中。

普洛塔尔科斯：确实如此。因为在现在的这些讨论中，我们 29b1
就因走投无路而正真正地在风暴中遭大难。

苏格拉底：那就来吧！关于在我们身上这些东西中的每一个，请你接受下面这点。

---

① 形容词聪明的（δεινός），也具有“强有力的”和“可怕的”意思，这里为了凸显这两者，将之译为“非常强大的”；当然，也可以直接译为“聪明的”。

29b5 **普洛塔尔科斯**：哪点？

苏格拉底：这点：那在我们身上的这些东西中的每一个，都是既少量又微不足道的，并且在任何地方都完全不是纯粹的，也不具有配得上其本性的能力。你拾起其中一个，根据它请你对所
29b10 有的做同样的理解，例如，火，它一方面肯定是在我们身上，另一方面，它也是在宇宙中。

普洛塔尔科斯：为何不呢。

29c1 **苏格拉底**：那么，一方面，在我们里面的火是某种少量的、弱小的和微不足道的东西，另一方面，在宇宙中的火则在大量、美丽和所有属于火的力量方面都是令人惊异的。

普洛塔尔科斯：你所说的是非常真的。

29c5 **苏格拉底**：然后呢？是宇宙之火被我们身上的火所养育，并从这种火那里产生出来和变得壮大起来的呢，还是相反，我的火、你的火以及其他所有活物的火，都从那种火那里取得了所有这些？

普洛塔尔科斯：你所问的这个问题，根本就不值得回答。

29d1 **苏格拉底**：说得正确。因为，我认为你将说同样的话，关于在我们这里于各种活物里面的土和在宇宙里面的土，以及关于我不久前问过的其他所有那些东西。你将这样回答吗？

29d5 **普洛塔尔科斯**：任何人，如果他做出别的回答，他竟然会显得头脑健康？

苏格拉底：几乎没有任何人。但请你依次随我前往此后的事情。我们刚才曾说过的所有那些，当我们看到它们被组合成一时，我们岂不就将之命名为身体？

普洛塔尔科斯：为何不呢？

苏格拉底：那么，关于我们将之称作宇宙的那个东西请你持同样的看法；因为，在同样的方式上它无论如何都会是一个身体，既然它是由同样那些东西组合而成的。 29e1

普洛塔尔科斯：你说得非常正确。

苏格拉底：那么，在我们这儿的身体，是整体地从宇宙这个身体那儿得到养育呢，还是说，宇宙这个身体从我们这儿的身体那里得到养育，并取得和拥有了对之我们刚才说过的其他所有那些[①]？ 29e5

普洛塔尔科斯：这也是另一个，苏格拉底啊，不值得问的问题。

苏格拉底：然后呢？下面这个值得问吗？或者你将怎么说？ 30a1

普洛塔尔科斯：请你说，何种问题？

苏格拉底：就在我们这儿的身体而言，难道我们不会说它拥有灵魂吗？

普洛塔尔科斯：显然我们会说。

苏格拉底：它从何处，亲爱的普洛塔尔科斯啊，取得它的呢，除非宇宙的身体恰好是有灵魂的，因为它与我们的这个身体有着同样的各种东西，并且在各方面都还要更美？ 30a5

普洛塔尔科斯：显然不是从其他任何地方，苏格拉底啊。

苏格拉底：因为我们无论如何都不会认为是下面这样，普洛
塔尔科斯啊，那就是：就那四个种类，即限度、无限、两者的结 30a10
合，以及原因这一种类——它作为第四个种类内在于一切中——， 30b1
其中原因这个种类，一方面，由于它于在我们这儿的那些东西[②]中

① 即“产生”和“增大”。

② 在我们这儿的那些东西，即前面提到的“地（土）”“水”“火”“风（气）”那四种“元素”。

提供出灵魂、引起身体锻炼，并且当身体受到损害时[1]为之提供医术，以及在其他情形下安排其他的东西和进行治疗，于是它被冠以一种完整而多端的智慧；另一方面，虽然同样这些东西[2]是在整个的天宇中，并且是大规模地，此外它们还是美丽和纯粹的，但该原因在这些东西中却没有设计出那些最美的和最尊贵的东西之本性。

普洛塔尔科斯：然而这绝对是没有任何道理的。

苏格拉底：因此，如果并非这样，那么，假如我们追随下面那种说法，我们就会更好地说——其实我们已经多次说过——，在宇宙中的无限是许多的，限度也是充足的，除了它们之外还有这样一种原因：它不是微不足道的，它安排和组织着年岁、季节和月份，它会被最正当地称为智慧和理智。

普洛塔尔科斯：的确最正当。

苏格拉底：而智慧和理智，假如没有灵魂，它们无疑绝不会产生出来[3]。

普洛塔尔科斯：确实不会。

苏格拉底：那么，在宙斯的本性中，你岂不是在说，一方面

---

① 当身体受到损害时（πταίσαντος σώματος），这是意译。πταίσαντος 是动词 πταίω 的一次性过去时分词主动态中性属格，而 πταίω 的本意是"绊倒""绊跤"，喻为"失误""犯错误"。

② 同样这些东西（τῶν ... αὐτῶν τούτων），与 30b1 那里的"在我们这儿的那些东西（τοῖς παρ' ἡμῖν）"一样，指四种"元素"。

③ 参见《智者》(249a4−7)：**客人**：但一方面拥有理智，另一方面却不拥有生命，我们会这么说吗？**泰阿泰德**：那怎么会呢？**客人**：然而，既然我们说这两者都内在于它身上，那我们会说它不是在其灵魂中拥有它们吗？

生发出一种王者的灵魂，另一方面生发出王者的理智——由于原因之力量——，而在其他诸神的本性上则生发出其他的美好，按照令他们各自喜欢的来进行称呼[①]。

普洛塔尔科斯：完全如此！

苏格拉底：因此，就这种说法，你不要以为我们在无谓地说某种空话，普罗塔尔科斯啊，相反，它和从前那些宣称理智总是统治着万物的人是结了盟的。

普洛塔尔科斯：的确是这样。

苏格拉底：而它其实已经给我的探究提供了一个回答，那就是，理智属于被称作万物之原因的那个种类——而这个种类是我们所提出的那四个种类中的一个。因此，你现在无疑已经得到了我们的回答。

普洛塔尔科斯：我得到了，并且是非常充分地得到了；虽然我没有注意到你已经给出了回答。

苏格拉底：因为，普洛塔尔科斯啊，玩笑有时候会成为严肃气氛的一种缓和。

普洛塔尔科斯：你说得漂亮。

苏格拉底：理智，朋友啊，它属于哪个种类，以及它究竟已经获得了何种能力，也许现在对我们来说，都差不多已经恰当地被揭示出来了。

普洛塔尔科斯：完全如此。

---

① 参见前面 12c1-4：但我那总是关乎诸神名字的畏惧，普洛塔尔科斯啊，它不是在人的限度内的，而是一种超出了最大的害怕的畏惧。甚至现在，就阿佛洛狄忒，怎样是令她喜欢的，我就怎样称呼她。

31a5 **苏格拉底**：当然，快乐所属的种类，其实同样早就已经显明了。

普洛塔尔科斯：确实。

苏格拉底：那么，关于这两者也让我们记住下面这些，那就是：一方面，理智向来就是与原因同家族的，并且差不多也就属于这个种类；另一方面，快乐自身是无限的，并且属于那个在其
31a10 自身地于自身那儿就没有，也将不会有起点、中间和终点的种类。

31b1 **普洛塔尔科斯**：我们会记住的。怎么会不呢？

苏格拉底：那么，在这之后，我们就必须看看，这两者中的每一个是在什么东西里面，以及由于何种遭受而发生出来——每
31b5 当它们发生出来时。首先看看快乐；正如我们曾先检测了它所属的种类，现在也同样先检测它的这些事情[①]。而另一方面，离开了痛苦，我们从不会充分地检测快乐。

普洛塔尔科斯：如果真的必须这样往前走，那就让我们这样往前走。

苏格拉底：那么，关于它们两者的生成，它对你显得恰如对我显得的那样吗？

31c1 **普洛塔尔科斯**：哪样？

苏格拉底：痛苦与快乐这两者，在本性上就一起对我显得在那个结合起来的种类中生起。

普洛塔尔科斯：但结合起来的种类，亲爱的苏格拉底啊，请

---

① 这些事情（ταῦτα），即前面的“在什么东西里面（ἐν ᾧ）”和“由于何种遭受（διὰ τί πάθος）”。

你提醒我们，你想把它揭示为前面所说的那些种类中的哪个。 31c5

苏格拉底：好的，我尽力，令人钦佩的人啊。

普洛塔尔科斯：你说得好。

苏格拉底：那么，结合起来的种类，让我们把它理解为我们说过的那四个种类中的第三个。

普洛塔尔科斯：即在无限与限度之后你说到过的那个种类吗， 31c10
而我认为，你把健康以及和谐设立于其中了？

苏格拉底：你说得非常恰当。不过，从现在起请你要尽可能 31d1
地集中注意力[①]。

普洛塔尔科斯：你只管说！

苏格拉底：那么，我说，一方面，当和谐在我们这些活物中
被解开了，其本性的解散和各种痛苦的生成也就同时在那个时候 31d5
产生了出来。

普洛塔尔科斯：你说得非常合理。

苏格拉底：另一方面，当它重新被绷紧并且返回到了它的本
性中时，就必须得说快乐产生出来了，如果面对那些最重大的事 31d10
情，恰恰应当三言两语尽可能快地将之说出来的话。

普洛塔尔科斯：我虽然认为你说得正确，苏格拉底啊，但让 31e1
我们试着把同样这些事情说得还要更加清楚些。

① 请你集中注意力（τὸν νοῦν ... πρόσεχε）是一个整体。动词 προσέχω 的基本意思是“带给”“献上”，同名词理智 / 努斯（νόος）构成词组，προσέχω τὸν νοῦν 的字面意思是“把思想转向……”“把注意力集中到……”，喻为“留意”“注意”“当心”。当然，鉴于前面对理智 / 努斯（νόος）的讨论，这里可以理解为是一个双关语。

苏格拉底：那么，那些稀松平常的东西[①]以及显而易见的东西，岂不最容易进行理解？

普洛塔尔科斯：哪些？

苏格拉底：饥饿，无论如何都是一种解散和痛苦吗？

普洛塔尔科斯：是的。

苏格拉底：而进餐，作为重新变得饱足，岂不就是一种快乐？

普洛塔尔科斯：是的。

苏格拉底：此外，干渴是一种败坏和痛苦，但湿润的东西之能力——因为它能够重新充满那已经被干透了的东西——，则是一种快乐；再次，那违反自然的[②]分离和分解，比如对令人窒息的闷热的遭受，是一种痛苦，而合乎自然的一种重新恢复和变冷，则是一种快乐。

普洛塔尔科斯：完全如此。

苏格拉底：并且活物身上的液体因寒冷而违反自然的那种冻结，是一种痛苦；而当它们重新返回先前同样的状态并被分开时，这条合乎自然的道路则是一种快乐。简而言之，也请你考虑一下这个说法是否对你而言是恰当的，它宣称：那个已经从无限这种本性和限度这种本性中合乎自然地产生出来的有灵魂的种类，正如在前面被说过的那样，一方面，每当它被败坏了，这种败坏就是一种痛苦；另一方面，那朝向它们自己的所是的道路——而这

① 稀松平常的东西（τὰ δημόσια）。形容词 δημόσιος 的本义是“属于共同的”“非私人的”。

② 违反自然的（παρὰ φύσιν），也可以译为“违反本性的”；这是短语，其反面是下面 32a3 的合乎自然的 / 合乎本性的（κατὰ φύσιν）。

种道路是一种重新返回——，在所有东西那儿都是一种快乐。

普洛塔尔科斯：就让它是这样！因为它至少对我显得具有某 32b5
种一般性格[1]。

苏格拉底：那么，我们应该把这设定为痛苦和快乐的一个种类吗，它位于这两种遭受中的每一个中[2]？

普洛塔尔科斯：就让它这样被确定下来吧！

苏格拉底：那么，就请你根据灵魂自身对这些遭受的预期来
这样进行设定：一方面，那在各种令人快乐的东西之前的预期， 32c1
被希望为令人快乐的和有信心的；另一方面，那在各种令人痛苦的东西之前的预期则是令人害怕的和痛苦的。

普洛塔尔科斯：因此，这肯定是快乐和痛苦的另一个种类，
它同身体相分离，在灵魂自身那里由于一种期待而产生出来。 32c5

苏格拉底：你把握得正确。因为，我认为在快乐和痛苦的这

---

① 具有某种一般性格（τύπον ... τινα ἔχειν），也可以简单意译为“是某一类型”。名词 τύπος 的本义是“打击或压成的痕迹”，泛指“印记”“标记”“略图”“概略”“轮廓”，喻为“类型”“形态”；《牛津希-英词典》对这类表达中的 τύπος 的解释是：character recognizable in a number of instances, general character, type。

参见《泰阿泰德》（171d9-e3）：我们在那里为了帮助普罗塔戈拉而勾勒的那种说法，也会是这样最为站得住脚的吗，即许多东西对每个人显得怎样，也就对之是怎样，如各种热的东西、干的东西、甜的东西，以及所有属于这类形态的那些东西？

② 对观《斐洞》（60b3-c1）：诸位，人们称之为快乐的这种东西看起来是多么奇怪的某种东西啊；它是多么令人惊异地生来就同那似乎相反的东西，即同痛苦相关联！尽管这两者本身并不愿意同时出现在一个人身上，但如果一个人追逐并得到了其中一方，那么他几乎总是被迫得到另一方，仿佛它们是被拴在了一个头上的两个东西。

两个种类中[①]，至少根据我的意见，当它俩各自都成为纯粹的，如
看起来的那样，彼此也没有混合起来，那同快乐相关的事情就将
32d1 是显而易见的，即它的整个种类是受欢迎的呢，还是说，这必须
被赋予我们在前面说到的那些种类中的另外某个；但是，必须被
赋予快乐和痛苦的，就像必须被赋予热和冷以及其他诸如此类的
32d5 所有东西的那样，它们有时是必须被欢迎的，有时则不是必须被
欢迎的，因为，它们自身虽然不是善，但有时其中一些又在某种
方式上接纳各种善之本性。

普洛塔尔科斯：你说得非常正确，即现在正被追踪的，它无论如何都必须以这种方式成为疑难。

苏格拉底：那么，首先让我们一起来看看下面这点，那就是：
32e1 假如所说的确实是如此，即一方面，当活物被败坏时就生起痛苦，另
一方面，当它们被恢复时就生起快乐，那么，让我们就既未被败坏也
未被恢复的它们来做一下思考，它们每一个在那时究竟应该处于何种
状态，每当它是这个样子的时候。不过，请你把注意力完全集中到下
32e5 面这点上来说说：这岂不是一种完全的必然，即每一个活物在那个时
候都既不感到任何痛苦，也不感到任何快乐，无论大还是小？

普洛塔尔科斯：确实是一种必然。

---

① 在这些中（ἐν ... τούτοις），关于这里的指示代词中性复数与格 τούτοις 究竟在指代什么，存在着分歧。一种看法认为，当紧接上文的另一个种类（ἕτερον εἶδος）而指代 εἴδη［种类 / 形式］，即前面已经讨论过的身体上的遭受（快乐与痛苦）和灵魂上的遭受（快乐与痛苦）这两个种类；因而 ἐν τούτοις［在这些中］即 ἐν τοῖς εἴδεσι［在这两个种类中］。另一种看法则认为指代 προσδοκήματα［预期］，即灵魂对快乐和痛苦这两种遭受的两种预期；ἐν τούτοις［在这些中］即 ἐν τοῖς προσδοκήμασι［在这两种预期中］。我这里的翻译采纳前一种意见。

苏格拉底：那么，这样一种状况岂不是我们的某一第三种状况，在感到高兴这种状况之外和在感到痛苦这种状态之外。

普洛塔尔科斯：为何不呢？

苏格拉底：那就来吧！请你一定要尽力记住这第三种状况。因为，就对快乐进行剖判来说，记得住它，还是记不住它，这对我们可不是件小事。不过关于它还有不多的几句话要说，如果你愿意的话，让我们说完。

普洛塔尔科斯：请你说说是什么。

苏格拉底：对于那已经选择过具有明智这种生活的人，你知道，没有任何东西能阻拦他以这种方式生活。

普洛塔尔科斯：你在说他既不感到高兴也不感到痛苦？

苏格拉底：因为，我们肯定曾在各种生活的对比中说过[①]，那个已经选择了过进行思考和具有明智这种生活的人，他不应感受到快乐，无论大还是小。

普洛塔尔科斯：确实这样说过。

苏格拉底：于是，它肯定就会以这种方式属于那个人；或许这也不是荒谬的，如果它是所有生活中最神圣的。

普洛塔尔科斯：因此，这无论如何都不可能，即诸神会感到快乐，或者相反。

苏格拉底：当然不可能；当这两种情形中的任何一种发生在他们身上了，无论如何都会是不得体的。然而，让我们以后再来考察这点，如果它毕竟同我们的讨论有所关联的话；并且我们将

① 参见前面 21d–e。

为了二等奖而把它交给理智，假如我们不可能为了头等奖而把它交给理智的话。

普洛塔尔科斯：你说得极其正确。

33c5 **苏格拉底：**而且快乐的另一种类型——我们曾说它属于灵魂自身——，肯定完全是通过记忆而产生出来的。

普洛塔尔科斯：为何？

苏格拉底：记忆，如看起来的那样，它究竟是什么，必须先把这点重新拾起来；并且有可能还得再次必须在记忆的前面把感
33c10 觉重新拾起来，如果我们打算恰当地让关于这些东西的事情在某种方式上将对我们变得清楚的话。

33d1 **普洛塔尔科斯：**你为何这么说呢？

苏格拉底：请你假设：在每次围绕我们的身体所生起的各种各样的遭受中，一些在穿过身体到达灵魂之前就在身体里面熄灭
33d5 了，从而让灵魂根本未受到任何影响；而另一些则穿过了它们两者，并且既对它们两者中的每一个各自，也对它们两者共同置入了某种像震动一样的东西[①]。

---

① 参见《泰阿泰德》（156a5-c3）：一切都向来是运动，除了运动，别无其他；但运动有两种，一方面两者各自在数量上都是无限的，一方面其中一种具有施动能力，一种则具有受动能力。从这两者的交互和彼此的摩擦中产生出后裔，虽然在数量上无限，但又是成双的，即一方为被感觉到的东西，一方为总是同被感觉到的东西一道出现和产生出来的感觉。于是对我们来说诸感觉具有这样一些名字：视觉、听觉、嗅觉，以及对各种变冷和发热的感觉，甚至对那些被称作快乐和痛苦、欲望和害怕的感觉，以及其他的；虽然那些没有名字的是无穷的，但那些被取了名字的也非常多。此外，被感觉到的东西的种类和这些感觉中的每个是同生的，各种各样的颜色之于各种各样的视觉，同样地，各种各样的声音之于各种各样的听觉，并且就其他感觉来说，则是其他生成出来的同种类的被感觉到的东西。

普洛塔尔科斯：就让它这样被确定下来吧！

苏格拉底：那么，如果我们说，一方面，那些没有穿过它们两者的遭受逃避了我们的灵魂的注意，另一方面，那些穿过了它们两者的遭受则没有逃避了它的注意，那我们将说得非常正确吗？

普洛塔尔科斯：为何不呢。

苏格拉底：那好，已经逃避了注意，你无论如何都不要认为我在这样说它，即在那种情形下它略莫就是遗忘的产生[1]；因为遗忘是记忆的退场[2]，而记忆在现在被说的东西中还尚未产生出来。而就那既不是着也尚未生成出来的东西，宣称发生了它的某种丧失，这是荒谬的。难道不是这样吗？

普洛塔尔科斯：为什么不是呢？

苏格拉底：那么，请你仅仅把它们的名称改变一下。

普洛塔尔科斯：如何改？

苏格拉底：一方面，代替说灵魂没有注意到，每当它仍然处在未受到身体的各种震动所影响的状态中时，请你把你现在称作遗忘的那种东西，命名为缺乏感觉。

普洛塔尔科斯：我明白了。

苏格拉底：另一方面，当灵魂与身体共同处在某一遭受中，

---

① 名词遗忘（λήθη）在词源上就派生自动词逃避注意 / 未察觉到 / 忘记（λανθάνω）。

② 参见《斐洞》（75d7–11）：并且如果在获得它们之后我们在任何时候都未曾忘记过它们，那么，我们就必然总是在知道它们的情况下出生，并且必然总是终身都知道它们。因为，知道意味着：在获得知识之后，一直保有着它，并且未曾丧失过。或者，西米阿斯啊，我们岂不把这，即遗忘，称作知识的失去？

34a5 并且一起在运动时，如果你复又把这种运动命名为感觉，那么，你也并非在不恰当地进行表达。

普洛塔尔科斯：你说得非常对。

苏格拉底：那么，我们岂不已经弄明白了我们打算将之称作感觉的那种东西？

普洛塔尔科斯：为什么不呢。

34a10 **苏格拉底**：因此，如果有人把记忆说成是感觉的保存，那他会说得正确，至少根据我的意见。

34b1 **普洛塔尔科斯**：当然说得正确。

苏格拉底：而我们岂不也说那不同于记忆的回忆？

普洛塔尔科斯：也许。

苏格拉底：它们岂不就是在下面这点上不同？

34b5 **普洛塔尔科斯**：哪点？

苏格拉底：灵魂曾经同身体一道所遭受的那些东西，每当它在没有身体的情况下独自在其自身地尽可能重新拾起它们时，我们无论如何都说那时它在进行回忆。难道不是这样吗？

普洛塔尔科斯：完全如此。

34b10 **苏格拉底**：而且，它在失去了某种记忆——无论是对某种感觉的，还是对某种学问的——之后，每当它复又独自在其自身地
34c1 重新把那种记忆恢复起来时，我们也无论如何都把所有这些称作回忆，而非记忆[①]。

---

① 柏拉图在《斐洞》（73b–74a）中比较详细地讨论了“回忆”的几种情况；后来亚里士多德在其《论记忆和回忆》（ Περὶ μνήμης καὶ ἀναμνήσεως / De memoria et reminiscentia）一文中，专门讨论了两者的关系。

普洛塔尔科斯：你说得正确。

苏格拉底：为何说了所有这些，是由于下面这点。

普洛塔尔科斯：哪点？ 34c5

苏格拉底：为了我们能够以某种方式尽可能地和最清楚地把握那离开身体的灵魂的快乐，此外还有欲望；因为，通过这些东西[①]，离开身体的灵魂的快乐和欲望这两者似乎在某种程度上被揭示出来了。

普洛塔尔科斯：那么让我们此后说说，苏格拉底啊，这些之后的东西吧。

苏格拉底：关于快乐的产生和它的每一种形象的许多事情，34c10
如看起来的那样，肯定必须通过讨论而加以考察。不过现在还进 34d1
一步显得，首先必须拾起欲望，考察它究竟是什么，以及它在哪里产生出来。

普洛塔尔科斯：那就让我们进行考察吧；因为我们将无所丧失。

苏格拉底：我们其实有所丧失，至少丧失了下面这点，普洛 34d5
塔尔科斯啊，那就是：当我们发现了我们现在所寻找的，我们也就丧失了关于这些东西的困惑。

普洛塔尔科斯：你反击得巧妙；不过，让我们现在尝试讨论一下紧接着这些的东西。

苏格拉底：我们刚才岂不说过，饥饿、干渴以及许多其他诸 34d10
如此类的，都是一些欲望[②]？ 34e1

① 通过这些东西，即“通过记忆和回忆”。

② 参见前面 31e5 以下。但在那里并未涉及欲望（ἐπιθυμία），而是说饥饿和干渴是一种解散（λύσις）、败坏（φθορά）和痛苦（λύπη）等。

普洛塔尔科斯：确实。

苏格拉底：那我们究竟看到了什么样的同一者，由此用单一的名称来称呼这些有着如此多的不同的东西？

普洛塔尔科斯：宙斯在上，也许不容易说出来，苏格拉底啊；但是，仍然必须得说。

苏格拉底：那就让我们从那里，即从那些相同的东西那里再次拾起讨论。

普洛塔尔科斯：究竟从哪里？

苏格拉底：他正感到口渴，我们肯定经常会说某种这样的事情吗？

普洛塔尔科斯：为何不呢。

苏格拉底：而这其实是在说，他正变得空乏吗？

普洛塔尔科斯：那还用说？

苏格拉底：因此，口渴岂不就是一种欲望？

普洛塔尔科斯：是的，而且是对饮料的欲望。

苏格拉底：是对饮料的欲望呢，还是对饮料之充满的欲望？

普洛塔尔科斯：我认为是对充满的欲望。

苏格拉底：那么，当我们中有人变得空乏时，如看起来的那样，他就欲求那些同他所遭受的东西相反的东西；因为当他变得空乏时，他就渴望被充满。

普洛塔尔科斯：确实非常明显。

苏格拉底：然后呢？当一个人初次变得空乏时，他能够从何处——无论是从感觉那儿，还是从记忆那儿——获得对某种东西的充满呢，而这种东西，他既未在现在这个时候遭受到，也从未在先前的某个时候遭受过？

普洛塔尔科斯：那怎么会？ 35a10

苏格拉底：而我们无疑会说，欲求者肯定在欲求某种东西。 35b1

普洛塔尔科斯：为何不呢？

苏格拉底：因此，他肯定不会欲求他正在遭受的那种东西。因为，他正感到口渴，这是一种空乏；而他欲求一种充满。

普洛塔尔科斯：是的。 35b5

苏格拉底：因此，属于口渴者的那些东西中的某个，肯定在某种方式上会获得一种充满。

普洛塔尔科斯：必然。

苏格拉底：而这肯定不可能是身体，因为它无论如何都正感到空乏。

普洛塔尔科斯：是的。 35b10

苏格拉底：于是，剩下的就只能是灵魂正在获得充满，并且显然是借助于记忆；因为，难道它还会通过其他什么而获得充 35c1
满吗？

普洛塔尔科斯：几乎不可能通过任何别的。

苏格拉底：那么，我们就弄明白了，从这些说法中已经对我们产生出来的那种结论。

普洛塔尔科斯：哪种？ 35c5

苏格拉底：这个讨论对我们宣称，欲望不从身体那儿产生出来。

普洛塔尔科斯：为何？

苏格拉底：因为它揭示出了每一种活物的企图，即总是企图 35c10

获得同它的各种遭受相反的东西。

普洛塔尔科斯：完全如此。

苏格拉底：而一种冲动，当它向着与一些遭受相反的那些东西进行引领时，它肯定揭示出了下面这点，即无论如何都有着对同那些遭受相反的东西的一种记忆。

35c15 **普洛塔尔科斯**：的确。

35d1 **苏格拉底**：因此，通过证明是记忆在向着那些被欲求的东西
进行引领，该说法显明，所有活物的整个冲动、欲望以及统治权，都属于灵魂。

普洛塔尔科斯：非常正确。

35d5 **苏格拉底**：那么，该说法也就证明了，我们的身体在任何地
方都不会遭受干渴、饥饿，或者诸如此类的任何事情。

普洛塔尔科斯：你说得对极了。

苏格拉底：那就进而让我们就同样这些事情来看清楚下面这
35d10 点。因为，该说法对我显得想向我们揭示，即恰恰在这些事情中
有着生活的某种类型。

35e1 **普洛塔尔科斯**：在哪些事情中，以及你在说哪种生活？

苏格拉底：在被充满和变得空乏，以及在其他所有那些关乎
各种活物的保存和败坏的事情中；并且，如果我们中的某个人，
当他出现在这两者的每一个中时，他就有时感到痛苦，有时则感
35e5 到快乐——根据相应的变化。

普洛塔尔科斯：是这样。

苏格拉底：然后呢，每当他出现在这两者的中间时？

普洛塔尔科斯：如何在中间？

苏格拉底：虽然由于眼前的遭受他感到痛苦，但他记得曾经
出现过的一些快乐的事情——当它们出现时，他就能够终止痛 35e10
苦——，然而他尚未被它们所充满。那时会如何？我们会说，还 36a1
是不会说，他是在那两种遭受的中间？

普洛塔尔科斯：我们当然会说。

苏格拉底：那他是整体地感到痛苦呢，还是感到快乐？

普洛塔尔科斯：宙斯在上他不感到快乐。相反，他由于某种
双重的痛苦而感到痛苦；一方面，就身体而言他处在眼前的遭受 36a5
中，另一方面，在灵魂上则处在对某一预期的某种渴望中。

苏格拉底：你为何说道，普洛塔尔科斯啊，双重的痛苦呢？
岂不是这样：有时候，我们中的某个人，当他变得空乏时，他就
已经置身于对将被充满的一种明显的希望中，有时候则相反，他 36b1
处于一种无希望的状态？

普洛塔尔科斯：确实如此。

苏格拉底：那么，难道在你看来不是这样：一方面，当他希
望将被充满时，他因记忆而感到快乐，另一方面，由于他在这些 36b5
时候正处于空乏中，他同时感到痛苦？

普洛塔尔科斯：必然是这样。

苏格拉底：因此，在那个时候一个人以及其他所有的活物，都同时既感到痛苦，又感到快乐。

普洛塔尔科斯：有可能。 36b10

苏格拉底：然后又如何呢，每当他虽然处于空乏中，却对将
取得一种充满不抱有任何希望时？在那个时候，岂不就会产生出
关于一些痛苦的双重遭受——你刚才因看清了这种遭受而认为它 36c1

径直就是双重的[①]？

普洛塔尔科斯：你说得对极了，苏格拉底啊。

苏格拉底：那么，关于这些遭受的这种考察，让我们把它进行这样一种使用。

普洛塔尔科斯：哪种？

苏格拉底：我们将说，这些痛苦和快乐都是真的或假的呢，还是将说，某些是真的，某些则不？

普洛塔尔科斯：但是，苏格拉底啊，各种快乐或各种痛苦如何能够是假的呢？

苏格拉底：然而，普洛塔尔科斯啊，那恐惧又如何能够是真的或假的，或者预期能够是真的或不真的，或者判断能够是真的或假的呢？

普洛塔尔科斯：至于判断，我确实会同意它能够是真的或假的，但其他那些，则不会。

苏格拉底：你为何这么说呢？当然，我们有可能唤起了某个

① 径直就是双重的（ἀπλῶς εἶναι διπλοῦν），也可以译为“简单地就是双重的”。副词“简单地 / 单纯地（ἀπλῶς）”派生自形容词“单一的 / 简单的 / 单纯的（ἀπλόος）”，在这里同形容词“双重的（διπλοῦν）”连用，构成一种“矛盾修辞法”（ὀξύμωρον / oxymoron）。而所谓矛盾修辞法（ὀξύμωρον），由尖锐的（ὀξύς）和愚蠢的（μῶρος）构成，本义指尖锐而愚蠢的话，后来成为了一种修辞手法，即虽自相矛盾但却隐含深意、带有某种机锋的话，如“不和谐的和谐”“甜蜜的忧愁”“不诚实的诚实”“无事忙”等等。

类似的表达可参见《泰阿泰德》（189c11–d3）：因为我认为，在你看来我不会去攻击真的假这种说法，问下面这些是否可能，即慢的快、重的轻，或者任何其他某个有其反面的东西，不根据它自己的本性，而根据其相反者的本性，以同它自己相反的方式生成出来。

绝非微不足道的讨论。

普洛塔尔科斯：你说得对。 36d5

苏格拉底：不过，面对已经过去的那些东西，那人的孩子啊[①]，它是否是恰当的，这必须得加以考察。

普洛塔尔科斯：或许这就得必须加以考察。

苏格拉底：那么，就必须把下面这些放到一边，不管是其他那些长的讨论，还是任何不恰当地被说出来的东西。 36d10

普洛塔尔科斯：正确。

苏格拉底：那就请你对我说说。因为，恰恰关于那些我们刚才 36e1
将之作为一些疑问摆在面前的事情，我确实始终彻头彻尾地感到惊异。你到底会怎么说呢？一些快乐不是假的，一些则不是真的？

普洛塔尔科斯：那怎么会？

苏格拉底：那么，无论是在梦里还是在醒时，如你说的那样， 36e5
也无论是在疯狂中还是在精神错乱中，都没有任何人以为他在感到快乐，而其实他根本没有感到快乐，也不会认为他在感到痛苦，而其实他没有感到痛苦[②]。

普洛塔尔科斯：所有这些就是这样，苏格拉底啊，所有人都 36e10
会接受。

---

① 那人的孩子啊，根据前面 19b5，可简单理解为“卡利阿斯的孩子”。

② 对观《泰阿泰德》(157e–158a3)：那我们就不应遗留其中还漏下的任何东西。而剩下的是关于各种梦、各种疾病，尤其关于疯狂，以及所有那些被称作听错、看错或其他感觉错的。因为你肯定知道，在所有这些方面，我们刚才细说过的那种说法似乎都能公认地被加以反驳——既然在它们中各种错误的感觉必定会对我们产生出来——，并且远非对每个人所显现出来的东西也就是该东西，而是完全相反，所显现出来的东西中没有任何一个是着。

苏格拉底：那么说得正确吗？或者必须得考察这些被说得正确呢，还是不正确？

普洛塔尔科斯：必须得考察，至少我会这么说。

37a1 **苏格拉底**：好吧，那就让我们还要更加清楚地界定一下刚才关于快乐和判断所说的。因为，对我们来说，无论如何都有着进行判断这么一回事吧？

普洛塔尔科斯：是的。

37a5 **苏格拉底**：也有感到快乐这么一回事？

普洛塔尔科斯：是的。

苏格拉底：进而那被判断的，它也是某种东西？

普洛塔尔科斯：为何不呢？

苏格拉底：肯定还有那感到快乐的对之感到快乐的那种东西？

37a10 **普洛塔尔科斯**：也完全如此。

苏格拉底：那么，那进行判断的，无论他判断得正确还是不正确，至少他都从不会失去这点，即他事实上在进行判断。

37b1 **普洛塔尔科斯**：怎么会失去呢？

苏格拉底：因此，那感到快乐的，也无论他是在正确地还是不正确地感到快乐，显然他至少也将从不会失去这点，即他事实上在感到快乐。

普洛塔尔科斯：是的，这也是如此。

37b5 **苏格拉底**：那么，究竟在何种方式上，判断既对我们经常成为假的，也经常成为真的，而就快乐来说却只能成为真的，尽管事实上在进行判断和事实上在感到快乐这两者已经同等地分得了份额；必须得考察这点。

普洛塔尔科斯：必须得考察。

苏格拉底：由于假和真这两者都随着判断而发生[1]，并且通过 37b10
它们，不仅产生出了某一判断，而且该判断还具有了这两种性质 37c1
中的某一种[2]，因此你才说必须得考察这点吗？

普洛塔尔科斯：是的。

苏格拉底：而且除了这些之外，是否对我们来说完全是这样，
即一些东西是具有一些性质的，而快乐和痛苦仅仅是其所是，这 37c5
两者都不会成为某些性质的；我们也必须就这点达成一致。

普洛塔尔科斯：显然。

苏格拉底：然而，看出下面这点其实根本不困难，那就是：
这两者也都具有一些性质；因为，我们早就说过[3]，它们各自都能
够变得大和小，以及变得强烈，无论是各种快乐还是各种痛苦。 37c10

普洛塔尔科斯：完全如此。 37d1

苏格拉底：但是，普洛塔尔科斯啊，如果邪恶被加到这些中的某一个身上，那么，一则我们将说一个判断由此就变成了邪恶的，一则某一快乐也变成了邪恶的吗？

普洛塔尔科斯：难道还能是别的什么，苏格拉底啊？ 37d5

苏格拉底：然后呢，如果正确性或正确性的反面被加到了这些中的某一个身上？难道我们不会说，一个判断是正确的，假如

① 对观亚里士多德《形而上学》第六卷第 4 章（1027b25-27）：因为真和假不在事物中，……而是在思想中。

② 参见《智者》（263a11-b3）：**客人**：但我们宣称，言说中的每一个无论如何都必然是某种性质的言说。**泰阿泰德**：是的。**客人**：那必须得说出它们中的每个是何种性质吗？**泰阿泰德**：一个肯定是假的，另一个则是真的。

③ 参见前面 27e5 以下。

它具有正确性的话，而快乐同样如此？

普洛塔尔科斯：必然的。

37e1 **苏格拉底**：而如果那被判断的东西被弄错了，那么，由于判断在那时犯了错，岂不必须得承认，它肯定既是不正确的，也没有正确地进行判断？

普洛塔尔科斯：那还能怎样？

37e5 **苏格拉底**：然后呢，如果我们观察到某种痛苦或快乐在一个人对之感到痛苦——或者反过来——的那种东西那里出错了，那么我们将把那些美好的字眼，如正确的、有益的或者其他任何一个添加给它吗？

普洛塔尔科斯：但无论如何那都是不可能的，假如快乐确实已经被弄错了的话。

37e10 **苏格拉底**：而且似乎快乐经常并非与一个正确的判断一道，而是同一个错误的判断一道对我们产生出来。

38a1 **普洛塔尔科斯**：怎么会不是呢？并且就判断，苏格拉底啊，在这样一种情形下[①]以及在那个时候我们诚然说它是假的，但就快乐自身，无人曾把它称作假的。

苏格拉底：你现在无疑正在热切地捍卫，普洛塔尔科斯啊，关于快乐的说法。

38a5 **普洛塔尔科斯**：根本没有，我只不过在说我所听到的。

苏格拉底：那么对我们来说下面这两者没有任何区别吗，朋友啊，一则是那伴随着正确的判断以及伴随着知识而来的快乐，一则

---

① 在这样一种情形下，即在弄错/犯错的情形下。

是那伴随着错误和无知而经常出现在我们每个人那里的快乐?

普洛塔尔科斯：似乎无论如何都有着不小的区别。

苏格拉底：那就让我们前去看看这两者的区别。

普洛塔尔科斯：请你以对你显得合适的方式来进行带领。

苏格拉底：那我以这种方式来带领。

普洛塔尔科斯：何种方式?

苏格拉底：我们说，对我们而言，既有着一种假的判断，但也有着一种真的判断。

普洛塔尔科斯：有。

苏格拉底：而且如我们刚才所说，快乐和痛苦经常伴随着这两者，我说的是真的判断和假的判断。

普洛塔尔科斯：确实。

苏格拉底：那么，岂不每回都正是从记忆和感觉中，判断和尝试形成一个确定的判断，才对我们产生出来?

普洛塔尔科斯：的确。

苏格拉底：那么，关于这些，我们岂不认为我们必然处于下面这种状态中?

普洛塔尔科斯：怎样的状态?

苏格拉底：一个人，当他从远处观看那些未被非常清楚地辨认出来的东西时，你会说下面这点经常发生在他身上吗，即他想剖判他所观看的那些东西?

普洛塔尔科斯：我会说。

苏格拉底：那么，在这之后，这人自己会如下面这样来问他自己吗?

普洛塔尔科斯：怎样？

38d1 **苏格拉底**：于岩石旁边站在一棵树下所显露出来的那个东西，究竟是什么？在你看来，一个人会对他自己说这种话吗，一旦他看到诸如此类的某些对他自己显露出来的东西时？

普洛塔尔科斯：为何不呢？

38d5 **苏格拉底**：那么，在此之后，这样一个人会通过仿佛在进行回答而对他自己这样说吗，即*他是一个人*，并且他恰好成功地说出了答案？

普洛塔尔科斯：完全是这样。

苏格拉底：但另一方面，他也有可能由于被引向歧路而以为
38d10 被看到的东西是一些牧人的作品，从而将之称作一座雕像。

普洛塔尔科斯：确实。

38e1 **苏格拉底**：如果有人在他的旁边，那么，就那些被他自己说给他自己的东西，他就会通过将之达乎声音而再次把同样那些东西传达给那个在旁边的人；并且那时我们曾称之为一种判断的那种东西，就以这种方式成为了一种言说[①]。

---

① 对观《泰阿泰德》（189e4-190a7）：**苏格拉底**：好极了。但你会恰恰如我那样称呼思想吗？**泰阿泰德**：你怎么称呼？**苏格拉底**：就它所考察的那些东西，灵魂自身对它自身进行详细叙述的那种谈话。我肯定并非作为知道者而向你展示这点。因为这在我看来，当灵魂进行思想时，它无非是在进行对话，它自己向自己提问并作答，而且进行肯定和否定。而每当它作出剖判后——无论是慢慢地作出，还是猛地一跃——，从此它就说出同一种看法并且不再怀疑，我们就将这确定为它的判断。因此，我就把进行判断称作进行言说，而把判断称作一个已经说出来了的言说，但既不是对他人说，也不是有声地说，而是默默地对自己说。而你会怎么想？**泰阿泰德**：我也这么想。

普洛塔尔科斯：为何不呢？ 38e5

苏格拉底：但如果他是独自一个人——当他对他自己思考这同样的东西时——，有时他就有更多的时间来在他自己那里前行。

普洛塔尔科斯：完全如此。

苏格拉底：那然后呢？就这些事情，它对你显得恰如对我显 38c10
得的那样吗？

普洛塔尔科斯：哪样？

苏格拉底：在我看来，那时我们的灵魂就像是一本书。

普洛塔尔科斯：为何？

苏格拉底：记忆——当它同诸感觉相一致时——，以及那些 39a1
同记忆和感觉这两者相关的遭受，它们那时就差不多对我显得就

（接上页）《智者》（263d6-264b3）：**客人**：但然后呢？就思想、意见和想象而言，下面这点岂不已经是显而易见的，那就是：在我们灵魂中的所有这些东西，肯定既能生成为真的，也能生成为假的？**泰阿泰德**：为何？**客人**：以这样一种方式你就会比较容易看清，如果你首先取得它们究竟是什么，以及它们各自彼此之间有何不同。**泰阿泰德**：只好请你将之提供出来。**客人**：思想和言说岂不是同一个东西，除了下面这点之外，那就是，灵魂在内里同它自己进行的无声的对话，这种东西恰恰被我们叫作：思想？**泰阿泰德**：的确如此。**客人**：但从灵魂出发通过嘴而带有声音的那种气流，则被称为了一种言说？**泰阿泰德**：正确。**客人**：而且我们肯定还看到了这种东西是在诸言说中。**泰阿泰德**：哪种东西？**客人**：肯定和否定。**泰阿泰德**：我们看到了。**客人**：因此，每当这根据思想而缄默地发生在灵魂中时，除了判断之外，你还能把它称为别的什么吗？**泰阿泰德**：那怎么可能？**客人**：但是，每当它不是在其自身地，而是通过一种感觉于某人那儿在场时，复又能够正确地把这样一种情状称作别的什么东西吗，除了想象之外？**泰阿泰德**：没有别的。**客人**：因此，既然言说向来既可能是真的，也可能是假的，在这些言说过程中思想表现为灵魂同它自己的对话，判断则表现为思想的结果，而我们称之为“某个东西显像出来”的那种东西则是感觉和判断的一种混合，那么，由于这些事情都与言说是同类的，故必然它们中有些在有的时候就是假的。

好像在我们的灵魂中写一些字似的。并且，一方面，每当这种遭
39a5 受在写一些真正的东西时，一个真的判断以及在我们这里产生出
来的一些真的说法就从它那里发生出来；另一方面，每当在我们
这里的这样一位抄写员在写一些假的东西时，结果就是一些同那
些真的东西相反的东西。

39b1 **普洛塔尔科斯**：在我看来完全就是这样，并且我也接受以这种方式所说的。

苏格拉底：那么也请你接受在我们的灵魂中于那个时候出现的另一位工匠。

39b5 **普洛塔尔科斯**：哪个？

苏格拉底：一位画家，在那位抄写员——他抄写那些被说出来的东西——之后，他在我们的灵魂中画出它们的影像。

普洛塔尔科斯：那我们说这人复又如何以及在何时那么做呢？

苏格拉底：每当一个人——他通过从视觉或者某种其他的感
39b10 觉那里把那时被判断出来的东西和被说出的东西引出来——，以
39c1 某种方式在他自身里面看到那些被判断者的和被说出者的影像时；
这岂不经常发生在我们身上？

普洛塔尔科斯：的确是这样。

苏格拉底：那么，诸真的判断和诸真的言说中的那些影像岂
39c5 不就是真的，而诸假的判断和言说中的影像就是假的？

普洛塔尔科斯：完全如此。

苏格拉底：那好，如果我们已经正确地说了这些，那么，除了这些之外，让我们也进一步考察下面这点。

普洛塔尔科斯：哪点？

苏格拉底：是否关于各种正是着的东西和已经生成出来的东 39c10
西我们必然以这种方式遭受这些，而关于那些将来的东西则不？

普洛塔尔科斯：就整个的时间来说都肯定同样地遭受这些。

苏格拉底：那些通过灵魂自身而来的快乐和痛苦，我们在前 39d1
面岂不曾说过[①]，它们能够在那些通过身体而来的快乐和痛苦之前
就预先发生，由此对我们而言就会得出，有着同将来的时间相关
的预先感到高兴和预先感到快乐，它们关乎那在将来的时间里将 39d5
产生出来的东西？

普洛塔尔科斯：对极了。

苏格拉底：那么，我们在不久前曾把它们确定为在我们里面
产生出来的那些书写与图画，它们仅仅关乎已经过去的时间和现 39e1
在的时间吗，而不关乎将来的时间？

普洛塔尔科斯：肯定极其相关。

苏格拉底：你说极其，那是因为所有这些都是朝向以后的时
间的希望吗，而我们复又终其一生都总是充满着各种希望？ 39e5

普洛塔尔科斯：完全如此。

苏格拉底：那就来吧！除了现在已经说过的这些之外，请你也回答这点。

普洛塔尔科斯：哪点？

苏格拉底：一个公正、虔敬并且在各方面都良善的人，岂不 39e10
就是为神所喜爱的人吗？

普洛塔尔科斯：为何不呢？

---

① 见前面 32b-c。

苏格拉底：然后呢？一个不公正并且在方方面面都邪恶的人，
40a1 他岂不和那人相反？

普洛塔尔科斯：那还用说？

苏格拉底：如我们刚才所说的，每个人无疑都总是充满了许多的希望吗？

40a5 **普洛塔尔科斯**：为什么不呢？

苏格拉底：在我们每个人里面，无疑也有着我们将之命名为希望的那些言说吗？

普洛塔尔科斯：是的。

苏格拉底：而且还有将之命名为希望的那些已经被画出来了
40a10 的形象。并且一个人经常看到对他自己出现了大量的金子以及随之而来的许多快乐；当然，他也看到那被画在了里面的、对自己分外感到高兴的他自己。

40b1 **普洛塔尔科斯**：为何不呢？

苏格拉底：那么就这些图画，我们会说那些被画出来的东西在大多数情况下作为真的而被摆在了那些良善的人面前，因为他们是为神所喜爱的，而对于那些邪恶的人在大多数情况下复又相反，或者我们不会这样说？

40b5 **普洛塔尔科斯**：确实必须这么说。

苏格拉底：因此，各种快乐也肯定通过被画出来而丝毫不少地在场于那些邪恶的人那里，只不过它们无论如何都是假的。

普洛塔尔科斯：为什么不呢？

40c1 **苏格拉底**：所以，邪恶的人多半为那些假的快乐而感到高兴，而众人中那些良善的则为那些真的快乐而感到高兴。

普洛塔尔科斯：你说得极其必然。

苏格拉底：于是，根据现在的这些说法，在众人的灵魂里有
着各种假的快乐，只不过它们向着一些更为可笑的东西来模仿了 40c5
那些真的快乐；并且各种痛苦也同样如此。

普洛塔尔科斯：有。

苏格拉底：那么，那个一般地在进行判断的人虽然向来能够
总是事实上在进行判断，但有时候却既不针对那些正是着的东西，
也不针对那些已经产生出来的东西，也不针对那些将是着的东西 40c10
进行判断。

普洛塔尔科斯：完全如此。

苏格拉底：我认为，也肯定向来就是这些在那时导致了一种 40d1
假的判断，以及虚假地进行判断。难道不是这样吗？

普洛塔尔科斯：是。

苏格拉底：然后呢？岂不必须把这些东西中的相应的状况[1]归 40d5
还给在那些情形中[2]的各种痛苦和快乐？

普洛塔尔科斯：如何归还？

苏格拉底：这样：那个一般地以任何方式以及漫无目的地在
感到快乐的人虽然向来能够总是事实上在感到快乐，但有时候
却既不就那些正是着的东西，也不就那些已经产生出来的东西
感到快乐，而是经常，或许多半就那些将从不产生出来的东西 40d10

① 这些东西中的相应的状况（τὴν τούτων ἀντίστροφον ἕξιν）。这些东西（τούτων），指前面提到的判断（δόξα）和进行判断（δοξάζειν）。

② 在那些情形中（ἐν ἐκείνοις），即前面提到的“既不针对那些正是着的东西，也不针对那些已经产生出来的东西，也不针对那些将是着的东西”。

感到快乐。

40e1 **普洛塔尔科斯**：这也必然是如此，苏格拉底啊。

苏格拉底：那么，这同样的说法岂不也会适用于各种恐惧、各种愤怒以及所有其他诸如此类的东西，那就是，所有诸如此类的东西有时候是假的？

40e5 **普洛塔尔科斯**：完全是这样。

苏格拉底：然后呢？我们能够以其他方式来说一些邪恶的判断和无益的判断吗，除了它们成为假的之外？

普洛塔尔科斯：不能以其他任何方式。

苏格拉底：就各种快乐，我认为我们也肯定不能理解它们在
40e10 其他任何方式上是邪恶的，除了它们是假的之外。

41a1 **普洛塔尔科斯**：完全相反，苏格拉底啊，同你已经说的。因为，几乎肯定不是由于它们的虚假，一个人就会把一些痛苦和快乐确定为邪恶的，而是因为它们同另外某个严重而巨大的邪恶相一致他才那么做。

41a5 **苏格拉底**：好吧，一方面，就那些邪恶的快乐以及由于邪恶而是如此这般的那些东西，我们将稍晚一些再来说，如果我们仍然那么认为的话；另一方面，就那些以另外的方式经常内在于我
41b1 们里面和在我们身上出现的许多假的快乐，现在就必须得说说。因为我们或许将为了一些剖判而利用这。

普洛塔尔科斯：为何不呢？如果确实有这样一些快乐的话。

苏格拉底：不过，普洛塔尔科斯啊，至少根据我的看法肯定
41b5 有这样一些快乐。而只要这种看法还躺在我们这儿未被检查，那它就肯定不可能成为不被检查的。

普洛塔尔科斯：说得漂亮！

苏格拉底：那么，就让我们像运动员一样，重新围成一圈前去面对这种说法[①]。

普洛塔尔科斯：让我们去！

苏格拉底：无疑我们曾说过下面这点，如果我们还记得的话，就在前面不久[②]，那就是：每当那些被说的欲望是在我们里面时，那么，那时身体就会因它的各种遭受而同灵魂分开，并离开灵魂。

普洛塔尔科斯：我们记得，并且这也在前面被说过。

苏格拉底：那么，一方面，岂不向来是灵魂在欲求那些同身体的情状相反的情状；另一方面，向来是身体在提供由一种遭受而来的某种痛苦或某种快乐？

普洛塔尔科斯：的确向来就是。

苏格拉底：那么，就请你推断一下在这些中所生起的。

普洛塔尔科斯：请你说说。

① 关于“运动员”的比喻，可对观《泰阿泰德》（169a6-c3）：**忒俄多洛斯**：苏格拉底啊，坐在你旁边而不给出说法，这不容易，而我刚才还胡说八道，声称你会容许我不脱光衣服，而不像那些拉栖岱蒙人一样进行强迫。但在我看来你更接近斯喀戎。因为拉栖岱蒙人要求要么离开，要么脱光衣服，而你对我显得更为如安泰俄斯一样在做事；因为你不放过那来到你身边的人，在你迫使他脱光衣服在讨论中和你角力之前。**苏格拉底**：忒俄多洛斯啊，你的确对我的毛病做了最好的比喻；但是，我比那些人还要固执。因为成千的赫拉克勒斯和忒修斯，即那些在讨论方面的强有力者，碰见我后都已经实实在在地狠揍了我，但我愈发没有放弃，因为一种如此强烈的爱欲——即对关于这种东西的锻炼的爱欲——，已经渗透了我。所以，你不要拒绝通过练习同我进行辩论而同时使你自己和我都得到好处。

② 见前面 34b 以下。

41d1 **苏格拉底**：好吧！那就会生起：每当向来是这样的话，一些痛苦和一些快乐就同时并排摆在面前，并且关于这些——它们是相反的——的一些相反的感觉也同时并排生起，正如刚才已经显得的那样。

普洛塔尔科斯：的确显得就是这样。

41d5 **苏格拉底**：而这点岂不也已经被说过，并且因被我们所同意而在前面就已经确定了下来[①]？

普洛塔尔科斯：哪点？

苏格拉底：那就是，快乐和痛苦这两者都接纳*更多*和*更少*，并且这两者都属于那些*无限的*东西。

41d10 **普洛塔尔科斯**：说过了；怎么回事？

苏格拉底：那么，何种办法能够正确地剖判这些事情呢？

41e1 **普洛塔尔科斯**：究竟在哪儿以及如何进行剖判？

苏格拉底：略莫是这样：如果我们在这样一些情形下对这些事情的剖判之意图，在于每次都打算辨别出这些事情中的哪
41e5 个——在互相进行比较时——是更大的，哪个是更小的，哪个是更多的，以及哪个是更为强烈的，也即是说，快乐之于痛苦，痛苦之于痛苦，以及快乐之于快乐。

普洛塔尔科斯：无论如何这些事情就是这样，并且剖判之意图也就是打算进行这种剖判。

苏格拉底：那然后呢？一方面，在视觉那里，从远处看和从
42a1 近处看各种大小，这使得*真*消失不见，并且导致对一些假的东西

① 见前面 27e 以下。

做出判断[①]；另一方面，在各种痛苦和各种快乐那儿，难道这同样的情形不会产生出来吗？

普洛塔尔科斯：当然会产生出来，而且更甚，苏格拉底啊。

苏格拉底：那么，现在这就变成了同不久前所发生的相反了。42a5

普洛塔尔科斯：你在说何种东西？

苏格拉底：在那时，一些判断，当它们成为假的或真的时，它们同时就用在它们自己那儿出现的对真或假的遭受感染了各种痛苦和各种快乐。

普洛塔尔科斯：对极了。42b1

苏格拉底：而现在，快乐和痛苦这两者自身，由于每次都变
换着时而从远处被看，时而从近处被看，以及同时被并排摆在一
起，于是，一方面，各种快乐，当被摆在令人痛苦的东西旁边时，
就会显得更大和更强烈，而另一方面，各种痛苦，由于被摆在一 42b5
些快乐旁边，作为与那些快乐相反的显得同样如此。

普洛塔尔科斯：诸如此类的情况必然由此而发生。

苏格拉底：那么，就由之快乐和痛苦这两者各自显得比它们
所是的要更大或更小的那个多少而言，即使你把它们两者中的这
个——它显得那样，而非是那样——切掉，那么，就它自身而言，42c1

① 参见《智者》(235e5-236a7)：**客人**：至少所有那些在任何场合塑造或绘制任何巨大作品的人不是这样。因为，如果他们付还那些美的东西的真实比例，那么你知道，上面的部分显得比应然的较小，而下面的部分则显得较大，因为前者被我们从远处看，而后者被我们从近处看。**泰阿泰德**：当然。**客人**：因此，工匠们岂不通过把真相放到一边，在各种图像那儿他们所创作出来的，其实并非一些是着的比例，而是一些看起来是美的比例？**泰阿泰德**：完全如此。

你也将不会说它显得正确，而就快乐和痛苦的那个于这之上所产生的部分而言，你也将从不敢说它产生得正确和真实。

普洛塔尔科斯：肯定不。

42c5 **苏格拉底**：因此，在这些之后让我们看看，是否我们会以这种方式遇见一些快乐和痛苦，而它们在各种活物那里显得并且是比这些还要更为虚假的。

普洛塔尔科斯：你究竟在说哪些快乐和痛苦，并且以何种方式？

苏格拉底：肯定曾多次说过下面这点[①]，那就是：一方面，当
42c10 每一个活物的本性被一些聚集和分离、一些充满和空泛、某些增
42d1 加和衰减所败坏时，结果就生起了各种痛苦、各种悲伤、各种苦
恼，以及所有具有诸如此类的名字的东西。

普洛塔尔科斯：是的，这已经被多次说过。

42d5 **苏格拉底**：而另一方面，每当它们被带回到它们自己的本性中时，我们就从我们自己那里把这种状况接受为一种快乐。

普洛塔尔科斯：正确。

42d10 **苏格拉底**：然后呢，每当这两种情形没有一个在我们的身体那里出现时？

普洛塔尔科斯：但何时会出现这种情况呢，苏格拉底啊？

42e1 **苏格拉底**：你现在所问的这个问题，普洛塔尔科斯啊，根本就是不切题的。

普洛塔尔科斯：究竟为什么？

42e5 **苏格拉底**：因为，就我的提问，它并未阻止住我再一次对你

---

① 见前面 31c 以下。

进行盘问。

普洛塔尔科斯：何种提问？

苏格拉底：不管这样一种情形是否会出现，普洛塔尔科斯啊，我都将说，究竟何种东西必然从它那里对我们发生出来？

普洛塔尔科斯：你在说，如果身体在那两种情形那儿都未运动的话？

苏格拉底：是这样。 42e10

普洛塔尔科斯：那显然肯定是这样，苏格拉底啊，那就是：在这样一种情形下，既从不会生起任何快乐，也从不会生起任何痛苦。

苏格拉底：你说得非常漂亮。但我认为你其实在说这点，也 43a1
即是说，这两种情形中的某个总是必然对我们发生出来，就像一些智慧的人所说的那样；因为一切都总是在上上下下地流动[①]。

---

① 参见《泰阿泰德》(152d2-e8)：肯定没有什么是自在自为的一，你既无法正确地把它称为某种东西，也无法把它称为某种性质；相反，如果你称它为大的，它也就会显得是小的，如果你称它为重的，它就会显得是轻的；一切都这样，因为没有什么是一，无论是作为某种东西，还是作为某种性质。所有那些我们现在说它们是着的——我们并未正确地进行称呼——，其实都从移动和运动，以及从彼此的混合中生成出来；因为从未有什么是着，而始终在生成。关于这点，除了巴门尼德，所有智慧的人聚成一列，普罗塔戈拉、赫拉克利特、恩培多克勒，以及诗人中间，两种诗歌各自那顶尖的，就喜剧来说是厄庇卡尔摩斯，就悲剧来说则是荷马——他曾说：诸神的始祖俄刻阿诺斯和始母忒堤丝；他在说一切都是流动和运动的后裔——。(179e2-180b3)：完全如此。因为，苏格拉底啊，关于这些属于赫拉克利特圈子的看法，或者如你所说，属于荷马圈子的，甚至一些还要更早的人的看法，面对在爱菲斯周边的那些任何佯装熟悉它们的人，同那些被牛虻叮得发狂的人相比，更不可能与他们进行交谈。因为他们完全按照赫拉克利特的那些作品所说的那样不停地运动，而停留在某一说法和某一问题上，静静地轮流回答和提问，这

43a5 **普洛塔尔科斯**：他们确实在这样说，并且他们似乎也说得并不肤浅。

苏格拉底：怎么会说得肤浅呢，既然他们无论如何都不是一些肤浅的人？而我其实想躲开这个威胁性的说法。因此，我打算以这种方式来逃走，也请你同我一起逃走吧！

普洛塔尔科斯：请你说说以何种方式。

43a10 **苏格拉底**：那么，让我们对这些智慧的人说，就让这些如你
43b1 们说的这样吧！但请你回答下面这点：那些有灵魂的东西中的任何一个所遭受的每一件事情，它总是觉察到它在遭受这点呢——并且我们既不会没有注意到我们自己在长大，也不会没有注意到我们自己在遭受其他任何诸如此类的事情——，还是完全相反？

43b5 **普洛塔尔科斯**：无疑完全相反；因为我们几乎未曾注意到过所有这样一些事情。

苏格拉底：那么，刚才所说的，它就并没有被我们漂亮地说

（接上页）在他们那里甚至比无还要少；宁可说，就没有丁点的静止是内在于这些人那里而言，其实连无都超过了它。相反，如果你问某个人某个东西，那么，他就会抛出一些谜语似的巧言妙语，像从箭筒里拔出箭一样把它们射向你；并且如果你想要得到对这个巧言妙语的说明，即它说了什么，那么你就会被另一种重新改头换面了的巧言妙语击中。而你将从不会和他们中的任何一个人达成任何结论，其实那些人自己彼此之间也达不成；相反，他们非常警惕下面这点，即容许任何稳固的东西是在言谈中，或者是在他们自己的灵魂中，因为他们认为——在我看来——，它会是静止的。而他们同这种东西全面开战，并尽其可能地将之从各方面进行抛弃。

《智者》（249c10-d4）：那么对于哲学家，即对于那尤其看重这些的人来说，如看起来的那样，在各方面都必然由此一方面不接受那些把全体——无论他们说它是一，还是说它是许多的形式——说成屹然不动的人的说法，另一方面也完全不听从那些在所有方式上让是者运动起来的人，而是如孩子们的愿望那样，所有不动的东西和运动着的东西，把这两者合在一起将之说成是者和全体。

出来，那就是，各种变化，当它们上上下下地发生时，它们就导致了各种痛苦和快乐。

普洛塔尔科斯：难道还有别的？ 43b10

苏格拉底：以这种方式来说，将是更为漂亮的，并且也较少 43c1
受到攻击。

普洛塔尔科斯：何种方式？

苏格拉底：这种：一方面，那些重大的变化给我们造成一些
痛苦和快乐，另一方面，那些适度的和微小的变化则不会给我们 43c5
造成这两者中的任何一个。

普洛塔尔科斯：这种方式比那种方式更为正确，苏格拉底啊。

苏格拉底：那么，如果这些事情是这样的话，刚才所说的那种生活就会重新来临。

普洛塔尔科斯：哪种生活？ 43c10

苏格拉底：我们曾说过的那种既是无痛苦的，又是没有各种快乐的生活。

普洛塔尔科斯：你说得对极了。

苏格拉底：那就让我们基于这些而为我们自己确定三种生活： 43d1
一种生活是快乐的，而一种生活复又是痛苦的，还有一种生活则是两者皆不的。或者，关于这些你会怎么说？

普洛塔尔科斯：我确实没有其他的要说，除这之外，即有三种生活。

苏格拉底：因此，不感到痛苦，岂不将从不可能会同感到快 43d5
乐是同一回事？

普洛塔尔科斯：怎么可能会呢？

苏格拉底：那么，每当你听到一个人说，一切中最快乐的，就是无痛苦地过完整个生活，你认为这样一个人究竟在说什么呢？

43d10 **普洛塔尔科斯**：至少这人对我显得在说，不感到痛苦就是令人快乐的。

43e1 **苏格拉底**：那么，就你愿意提出的任意三种是者，请你——为了我们能够使用一些更美的名字——，为我们把其中一个确定为黄金，把另一个确定为白银，而把第三个确定为非这两者的东西。

普洛塔尔科斯：确定了。

43e5 **苏格拉底**：那么，这个非这两者的东西对我们来说究竟如何能够成为那两者中的一个呢，即成为黄金或白银？

普洛塔尔科斯：那怎么可能？

苏格拉底：因此，那种中间的生活，当它被说成是快乐的或痛苦的时，它就从不会被正确地判断了，如果有人要这样判断的

43e10 话；如果有人要这样说，那它也从不会被正确地说了，至少根据正确的说法来看。

普洛塔尔科斯：那怎么会？

44a1 **苏格拉底**：真的，朋友啊，我们觉察到肯定在这样说和这样进行判断的一些人。

普洛塔尔科斯：的确。

44a5 **苏格拉底**：那么，他们认为，他们那时也就感到快乐，每当他们不感到痛苦时？

普洛塔尔科斯：他们无论如何都在这样说。

苏格拉底：那他们岂不认为他们那时感到快乐，否则他们肯定就不会这样说。

普洛塔尔科斯：有可能。

苏格拉底：那么，他们就对感到快乐肯定在判断一些假的东 44a10
西，假如不感到痛苦和感到快乐这两者各自的本性是分离的话。

普洛塔尔科斯：确实向来就是分离的。

苏格拉底：那么，在我们这儿我们该作何选择呢，是如我们
刚才所说的那样，它们是三个呢，还是仅仅两个，即一个是对于 44b1
众人来说作为一种恶的痛苦，另一个则是对诸痛苦的摆脱——因
为这自身就是善的，故被称作快乐的——？

普洛塔尔科斯：究竟为何现在我们问我们自己这个问题，苏
格拉底啊？我真的没有弄明白。 44b5

苏格拉底：那是因为，普洛塔尔科斯啊，你其实没有弄明白
这儿的这位菲勒玻斯的那些敌人。

普洛塔尔科斯：你说他们是谁？

苏格拉底：据说都是一些在关于自然的事情上非常强有力的 44b10
人，他们说完全就没有快乐。

普洛塔尔科斯：他们还说了别的什么吗？

苏格拉底：他们还说在菲勒玻斯周围的人称之为快乐的所有 44c1
那些东西，全都是对诸痛苦的一些逃避。

普洛塔尔科斯：那么，你是建议我们相信这些人呢，还是如何，苏格拉底啊？

苏格拉底：不要相信这些人，而是仿佛把他们作为某些预言 44c5
者来另外进行利用，他们不是凭借一种技艺，而是靠其本性——它并非是不高贵的——中的某种严厉来进行预示；因为他们极其仇恨快乐之力量，并认为于其中没有任何健康的东西，以至于甚

至恰恰就它的这种吸引力来看，也不过是一种魔力，而不是一种真的快乐。因此，一方面，你能够就这一点来另外利用这些人，当你进一步观察到他们的其他那些严厉的判断时；另一方面，在此之后，你将了解到哪些快乐至少在我看来是真的，从而当我们基于这两种说法来考察其力量之后，我们就可以为了剖判而进行一种比较。

普洛塔尔科斯：你说得正确。

苏格拉底：那就让我们追随这些人，就像追随那些共同战斗的人一样，沿着他们的严厉之足迹往前走。因为我认为他们略莫这样在说——当他们从上面某处开始时——，那就是：如果我们打算看清任何种类的事物之本性，如坚硬的东西之本性，那么，我们是通过盯住那些最坚硬的东西，由此更能进行理解呢，还是通过盯住那些在硬度上最差的东西？因此，你必须，普洛塔尔科斯啊，像回答我一样，也回答这些严厉的人。

普洛塔尔科斯：完全如此，我也肯定会对他们说，必须盯住那些在量上最首要的东西。

苏格拉底：那么，如果我们也打算看清快乐之种类究竟具有何种本性，那就必须不要盯住那些最小的快乐，而是要盯住那些所谓的最极端的和最强烈的快乐。

普洛塔尔科斯：每个人现在都会在这点上同意你。

苏格拉底：那么，那些在手边的，其实也是各种快乐中最大的，正如我们经常说的那样，它们是那些关乎身体的快乐吗？

普洛塔尔科斯：为何不是呢？

苏格拉底：那它们在那些于一些疾病中受折磨的人那里，还是在那些健康的人那里，是以及变得较大？不过我们得警惕，我们不要因仓促地作答而在某个地方跌倒。因为我们或许会立马就 45b1
说，在那些健康的人那里。

普洛塔尔科斯：确实有可能。

苏格拉底：然后呢？在各种快乐中，一些最大的欲望也会在其之前生起的那些快乐，岂不会胜出？

普洛塔尔科斯：这的确是真的。 45b5

苏格拉底：而那些发烧的人以及处在诸如此类的疾病状态中的人，他们岂不更加感到口渴和发冷，并且更加遭受了他们惯常通过身体而遭受的所有其他那些事情；他们岂不更为熟悉一种缺乏，并且当他们被满足后他们就有着一些更大的快乐？或者我们 45b10
将说这不是真的？

普洛塔尔科斯：现在所说的，完全显得是真的。

苏格拉底：那然后呢？当我们如下面这样说时，我们会显得 45c1
正确吗，那就是：如果一个人打算看到一些最大的快乐，那他就必须不是前往健康那里，而是前往疾病那里来进行考察？但请你要注意，你不要以为我想问你下面这点，即是否那些严重患病的人比那些处在健康状态的人更多地感到了快乐，相反，你要认为 45c5
我是在寻找快乐的大小，以及关于这样一种东西的最强烈的程度每次都究竟出现在哪儿。因为我们说，我们必须看清它具有什么样的本性，以及那些声称完全没有快乐这回事的人在说什么。

普洛塔尔科斯：而我差不多跟上了你的谈话。 45d1

苏格拉底：很快，普洛塔尔科斯啊，你就会分毫不少地将之指出来的。因为我请你回答：你是在放纵中看到了一些更大的快

乐——我没有说更多的快乐，而是说那些在激烈和强度上胜出的
45d5 快乐——呢，还是在节制的生活中看到了？请集中注意力来说说。

普洛塔尔科斯：我真的已经理解了你所说的，并且也看到了
两者之间的巨大不同。因为，一方面就那些节制的人来说，那句
45e1 被引用的谚语无疑在任何时候都约束着他们，那就是“勿要过
度”，它劝告他们要听从它；而另一方面，就那些无头脑的人以及
那些放纵的人而言，强烈的快乐控制着他们，使得他们直到疯狂
为止，从而导致他们四处狂乱地叫喊。

45e5 **苏格拉底**：说得漂亮。并且如果这就是这样的话，下面这点
就是显而易见的，那就是：无论是各种最大的快乐，还是各种最
大的痛苦，都是在灵魂和身体的某种恶中，而非在其德性中产生。

普洛塔尔科斯：完全如此。

45e10 **苏格拉底**：那么，就必须把这些中的某些选择出来，考察它
们究竟具有何种性格而使得我们说它们是最大的。

46a1 **普洛塔尔科斯**：必然。

苏格拉底：那就请你考察一下，于下面这类疾病那儿的一些
快乐，它们究竟具有何种性格。

普洛塔尔科斯：在哪些疾病那儿？

46a5 **苏格拉底**：在那些不体面的疾病那里的快乐，我们说过的那
些严厉的人完全仇恨它们。

普洛塔尔科斯：哪些快乐？

苏格拉底：例如通过摩擦来对疥癣的各种治疗，以及所有诸
46a10 如此类的那些无需其他的药物来进行治疗的。因为，这种遭受，
当它发生在我们身上时，诸神在上，我们究竟将把它称作什么

呢？是快乐，还是痛苦？

普洛塔尔科斯：这无论如何都看起来，苏格拉底啊，成为了某种混合的恶。

苏格拉底：然而，肯定不是为了菲勒玻斯的缘故我才提出这 46b1
种讨论；相反，没有这些快乐，普洛塔尔科斯啊，以及伴随着它
们的那些东西，也即是说，如果它们没有被看清的话，那我们也
几乎从不可能决定现在正被探寻的那种东西。

普洛塔尔科斯：那就必须前往那些与这些快乐同家族的快乐。 46b5

苏格拉底：你在说那些以混合的方式结合起来的快乐吗？

普洛塔尔科斯：完全如此。

苏格拉底：那好！就各种混合而言，一方面，一些与身体相
一致而仅仅是在身体中，另一方面，一些则属于灵魂本身而仅仅 46c1
是在灵魂中；此外，我们还将发现灵魂和身体中的一些痛苦同一
些快乐的各种混合，当它们混合在一起时，合在一起的两者有时
被称作快乐，有时则被称作痛苦。

普洛塔尔科斯：为何？ 46c5

苏格拉底：每当一个人在康复状态或在败坏中同时体验到两
个相反的遭受时——例如有时当他感到冷时却变得热起来，有时
当他感到热时却变得冷起来——，由于他在寻求——我认为——
拥有一个，而摆脱另一个，于是，所谓甜与苦的混合[①]，当它凭借 46d1

① 所谓甜与苦的混合（τὸ ... λεγόμενον πικρῷ γλυκὺ μεμειγμένον）。由形容词甜的（γλυκύς）和苦的（πικρός）还进而构成了一个合成形容词又甜又苦的（γλυκύπικρος）；公元前7世纪前后的古希腊女诗人萨福（Σαπφώ, Sappho）就把爱情（ἔρος）称为是又甜又苦的（γλυκύπικρος）。

一种难以去除的性质而出现在那儿时，它就导致了一种恼怒，以及接踵而至的一种狂野的紧张。

普洛塔尔科斯：现在所说的是非常真的。

苏格拉底：那么，就这样一些混合，岂不一些出于相等的痛
46d5 苦和快乐，而一些则出于其中一个比另一个更多？

普洛塔尔科斯：为何不呢？

苏格拉底：那就请你来说说其中的一些混合，每当一些痛苦变得比一些快乐更多时——这些痛苦是刚才说过的疥癣中的那些痛苦，以及各种瘙痒中的那些痛苦——：每当脓肿以及发炎是在
46d10 里面时，一个人无论是通过摩擦还是通过搔挠都无法抵达它，而
46e1 只能设法使之在一些表面的区域分散开来，于是，有时人们通过把它们带往火那里，以及由于各种走投无路而变换着将之带往其反面那里，在有的时候他们就给自己带来了一些不同寻常的快乐；而有时则反过来，用里面的一些快乐去针对外面的一些痛苦，即外面的一些痛苦同里面的一些快乐被混合在一起——无论两者中
46e5 的哪一方会占有优势——，他们就通过暴力造成那些已经被聚合在一起的东西分散开来，或者把那些已经分散开来的东西混合在
47a1 一起，并由此使得把一些痛苦同一些快乐并排摆在一起。

普洛塔尔科斯：对极了。

苏格拉底：于是，另一方面，每当快乐在所有诸如此类的情形那儿被混入得更多，微弱混入的痛苦虽然使人发痒并微微让人
47a5 感到恼怒，然而，多得多地被注入的快乐则使人紧张不安，而且在有的时候甚至使人猛地跃起，并且它通过引起各种各样的面色、各种各样的体态，以及各种各样的呼吸节奏，从而产生出整个的

惊慌失措，甚至伴随着愚蠢的大喊大叫。

普洛塔尔科斯：确实如此。

苏格拉底：并且它也使得一个人自己这样说自己，朋友啊，也使得其他人这样说他，那就是，他由于享受这些快乐而快乐得好像要死了似的。而且他无疑完完全全总是在追逐这些快乐，事实上他越是无节制的和越是无头脑的，他也就越是会那样做；然后他也肯定把这些快乐称为最大的，而那尽可能总是生活在它们中的人，他把他算作是最为幸福的。

普洛塔尔科斯：苏格拉底啊，你已经详细叙述了在大多数人面前就意见所达成的一切。

苏格拉底：至少就诸快乐，普洛塔尔科斯啊，即就单独位于身体的一些共同遭受——它们在身体的表面和里面混合在了一起——中的那些快乐来说是这样。但就灵魂所贡献的那些同身体相反的遭受，即灵魂的痛苦同时面对身体的快乐，以及灵魂的快乐同时面对身体的痛苦，以至于两者进入到单一的混合中，则不是这样；尽管我们在前面曾详细述说过这些——那就是，每当一个人变得空乏时，他就渴望充满，一方面他由于满怀希望而感到快乐，另一方面他由于变得空乏而感到痛苦——，但那时我们并未见证这些，而现在我们说，虽然灵魂在所有这些情形中——在数量上它们是数不胜数的——，都不同于身体，但仍然恰好产生出痛苦和快乐的单一的混合。

普洛塔尔科斯：你有可能说得非常正确。

苏格拉底：好吧，那么在痛苦和快乐的各种混合中，还有一个留给了我们。

普洛塔尔科斯：哪个，你在说？

苏格拉底：我们曾说过的那种混合，即灵魂自身经常为它自身所取得的混合。

47d10 **普洛塔尔科斯**：那我们究竟如何说这点呢？

47e1 **苏格拉底**：愤怒、恐惧、渴望、哀号、爱欲、羡慕和嫉妒，以及所有诸如此类的，难道你不把所有这些都确定为灵魂自身的某些痛苦吗？

普洛塔尔科斯：我肯定会。

47e5 **苏格拉底**：那么，我们岂不将发现它们都充满了各种难以言表的快乐？或者我们需要被提醒荷马就愤怒所说的这点：

> 它甚至听任极其精明的人动怒
> 它比滴下的蜂蜜还要甜蜜许多[①]

48a1 以及那些在各种哀号和渴望中的快乐——它们已经混合在了各种痛苦里？

普洛塔尔科斯：不需要被提醒；而这些东西，当它们出现时，只会以这种方式，而不会以其他方式发生。

48a5 **苏格拉底**：而且就那些悲剧中的场景，每当观众们感到高兴时，他们同时就会哭泣，你也记得吗？

普洛塔尔科斯：为何不呢？

苏格拉底：而你也知道在那些喜剧中我们灵魂的情形吗，即

---

① 见荷马《伊利亚特》(18. 108-109)。

在它们中也有着痛苦和快乐的一种混合？

普洛塔尔科斯：我完全不理解。 48a10

苏格拉底：因为确实非常不容易理解，普洛塔尔科斯啊，在 48b1
那种情况下每回都有着这样一种遭受。

普洛塔尔科斯：至少在我看来确实不容易理解。

苏格拉底：然而，它越是晦暗的，我们越是要前去把握住它， 48b5
以便在其他的一些情形中，一个人也能够比较容易地理解痛苦和快乐的混合。

普洛塔尔科斯：请你说！

苏格拉底：刚才所说到的嫉妒这个名字，你将把它确定为灵魂的某种痛苦呢，还是怎样？

普洛塔尔科斯：就这样。 48b10

苏格拉底：无疑那怀有嫉妒之情的人，肯定显得对邻人的各种不幸感到快乐。

普洛塔尔科斯：的确。 48c1

苏格拉底：无知无疑就是一种恶，我们也将之称为一种愚蠢的状态。

普洛塔尔科斯：为什么不呢？

苏格拉底：那么基于这些，请你看看可笑的东西究竟具有何种本性。

普洛塔尔科斯：你只管说！ 48c5

苏格拉底：那好！一方面，总的来讲，它肯定是某种邪恶，出于某种特定的状态而获得其名字；另一方面，在所有的邪恶中，它又是这样一种情况，该情况具有同在德尔斐神庙那儿的碑文所说的东西相反的东西。

48c10 **普洛塔尔科斯**：你是在说“认识你自己”吗[①]，苏格拉底啊？

48d1 **苏格拉底**：我确实是。如果真的与那相反，那么，照文字来说，显然就会是：绝不要认识自己。

普洛塔尔科斯：那还用说？

苏格拉底：普洛塔尔科斯啊，请你试着把这个东西一分为三。

48d5 **普洛塔尔科斯**：你说什么呢？恐怕我没有能力做这事。

苏格拉底：那你是说我现在必须自己来划分它吗？

普洛塔尔科斯：我是在这么说，并且除了说之外，我还请求你这么做。

苏格拉底：那么，那些不自知的人，其中每一位岂不都必然在三个方面遭遇到这种情况？

48d10 **普洛塔尔科斯**：怎样？

48e1 **苏格拉底**：首先在钱财方面，他们必然认为他们自己是比他们实际拥有的财产更富有的。

普洛塔尔科斯：具有这样一种情况的人无论如何都是很多的。

苏格拉底：而更多的肯定是这样一些人，他们认为他们自己
48e5 是更高大的和更漂亮的，以及在身体的所有方面都是出类拔萃的，同他们实际上所是的相比。

普洛塔尔科斯：完全如此。

---

① 对观《斐德若》(229e4-230a1)：不过我对此却根本没有闲暇；而原因，朋友啊，就在于下面这点，那就是：按照德尔斐神庙的碑文，我尚不能够认识我自己；而这对我实实在在地显得是可笑的，只要我在那方面还有所不知就去考察那些不属于我的东西。

苏格拉底：但最最多的是这种人，至少我认为，他们在第三
个方面——它属于灵魂中的那些事情——完全出了错，因为他们
认为他们自己在德性上是更好的，虽然他们并不是。 48e10

普洛塔尔科斯：的确是这样。

苏格拉底：而在诸德性中，尤其是关于智慧，多数人，尽管他 49a1
们充满了各种争吵和虚假的自以为的智慧，岂不都完全执着于它？

普洛塔尔科斯：为何不是呢？

苏格拉底：因此，如果一个人说所有诸如此类的情况都是一
种恶，那他肯定会说得正确。 49a5

普洛塔尔科斯：完全如此。

苏格拉底：因此，还必须得进一步把这一分二，普洛塔尔科
斯啊，如果我们打算通过看看这孩子气的嫉妒而看清快乐和痛苦
的一种奇特的混合的话[①]。那么，我们如何将之一分为二呢，你 49b1
说？所有那些对于他们自己毫无理智地持有这种虚假的意见的人，
就像在整个人类那里所出现的情况一样，下面这点对这些人来说
也是最为必然的，那就是：他们中的一些人追逐力量和能力；而
另一些人，我认为，则与之相反。

普洛塔尔科斯：必然。 49b5

苏格拉底：那好，就请你以这种方式来进行划分。并且他们中所有那些同虚弱相伴而是这样一种人的人，以及当被嘲笑以后

---

① 对观亚里士多德《修辞学》第二卷第 10 章（1387b22-25）：而这也是显而易见的，即人们为了哪些东西、对于哪些人以及自己处于何种状态而嫉妒，假如嫉妒是对于那些与自己相似的人在那些已经说过的好事中所显露的幸运生起的一种痛苦的话，不是为了自己得到某种东西，而是由于那些人得到了某种东西。

没有能力进行报复的人，如果你声称这些人是可笑的，那你将道
出了真相；而那些有能力进行报复并且强有力的人，如果你把他
49c1 们称为是可怕的和可恨的，那你也将对你自己给出了关于这些人
的最正确的说法。因为，一方面，那些强有力的人的无知既是可
恨的，也是丑陋的[①]——无论是它自己，还是它在戏剧中的所有形
象，对于邻人们来说其实也都是有害的——；另一方面，虚弱者
49c5 们的无知，对于我们来说则注定取得了可笑者的地位和本性。

普洛塔尔科斯：你说得非常正确。但是，在这些中的各种快乐和各种痛苦的混合对我来说仍然不是非常清楚的。

苏格拉底：那就请你首先来把握一下嫉妒之能力。

普洛塔尔科斯：你只管说！

49d1 **苏格拉底**：它肯定是某种不正当的痛苦和快乐。

普洛塔尔科斯：这是一种必然。

苏格拉底：那么，一方面，对于仇敌们的各种不幸感到快乐，这岂不既不是不正当的，也不是嫉妒性的？

49d5 **普洛塔尔科斯**：那还用说？

苏格拉底：但另一方面，当我们有时看到朋友们的各种不幸时，不是感到痛苦，而是感到快乐，这岂不是不正当的？

普洛塔尔科斯：为何不是呢？

苏格拉底：无知，我们岂不说过它对所有人来说都是一种恶？

---

① 参见《智者》（228e1–5）：的确必须同意——尽管当你刚才说时我还怀疑过——，恶的两个家族是在灵魂中；并且，一方面，懦弱、放纵以及不义，它们全都必须被视为在我们中的疾病，另一方面，许许多多且形形色色的无知之情状，则必须被确定为丑陋。

普洛塔尔科斯：正确。 46d10

苏格拉底：那么，朋友们的自以为的智慧和自以为的漂亮， 49e1
以及刚才我们细说过的其他所有那些——我们说出现在三个方面——，一则它们是有多虚弱的，也就是有多可笑的，一则是有多强有力的，也就是有多可恨的，我们会说还是不会说我们刚才所讲的，即每当朋友们中有谁具有这种状态，它虽然对他人是无害的，这种状态就是可笑的？

普洛塔尔科斯：完全如此。 49e5

苏格拉底：然而，我们不是已经同意，它就是一种恶，既然它的确是一种无知？

普洛塔尔科斯：确实如此。

苏格拉底：但我们是感到快乐呢，还是感到痛苦，每当我们嘲笑它时？

普洛塔尔科斯：显然我们感到快乐。 50a1

苏格拉底：而在朋友们的各种不幸面前的快乐，我们不是说过，正是嫉妒导致了这点吗？

普洛塔尔科斯：必然。

苏格拉底：因此，当我们嘲笑朋友们的各种可笑之处时，这 50a5
个说法就宣称，由于我们复又把快乐同嫉妒相混合，故快乐就与痛苦混合在一起了；因为嫉妒早已被我们同意为是灵魂的一种痛苦，而嘲笑是它的一种快乐，而这两者在这些时候同时出现了。

普洛塔尔科斯：你说得对。 50a10

苏格拉底：因此，该说法现在就向我们揭示出，在各种挽歌 50b1
中，以及在各种悲剧和各种喜剧中——不仅仅在舞台上，而且在生活的整个悲剧和喜剧中——，一些痛苦同时都混合着一些快乐；并且在其他成千上万的情形中也同样如此。

50b5 **普洛塔尔科斯**：不可能不同意这些，苏格拉底啊，即使有人热爱争胜，完全支持其反面。

50c1 **苏格拉底**：我们也肯定曾提出过愤怒、渴望、哀号、恐惧、爱欲、羡慕和嫉妒，以及所有诸如此类的，于其中我们曾说我们发现了现在多次所说的那两种东西被混合在一起了。难道不是这样吗？

普洛塔尔科斯：是。

50c5 **苏格拉底**：那么，我们注意到了下面这点吗，即刚才被详细叙述的所有那些，都是关乎哀号、嫉妒和愤怒的？

普洛塔尔科斯：我们为何没有注意到呢？

苏格拉底：岂不还剩下了许多？

普洛塔尔科斯：确实如此。

50c10 **苏格拉底**：那你认为我究竟为了什么而特别向你展示了在喜
50d1 剧中的混合？岂不就是为了一种相信，那就是：至少在各种恐惧、
各种爱欲和诸如此类的其他东西中，容易指出一种混合；而一旦
你在你自己那儿把握到了这点，你就会允许我离开，从而无需再
因前往还剩下的许多东西那儿而拖延谈话，而是径直把握住下面
50d5 这点，即无论是离开灵魂的身体，还是离开身体的灵魂，还是两
者彼此结合在一起，它们在各种遭受中都充满了快乐同一些痛苦
的一种混合？因此，现在请你说说，你是允许我离开呢，还是要
使我待到半夜？但我认为，只要我略微再说一下，我就将成功地
50e1 让你放我走；因为就所有这些，我将情愿明天再对你给出说明，

而现在我打算为了菲勒玻斯所吩咐的那种剖判而着手讨论剩下的那些事情。

普洛塔尔科斯：你说得漂亮，苏格拉底啊；那么，就请你以你所喜欢的方式来对我们详细叙述一下所有剩下的事情。

苏格拉底：那好！自然的，在那些混合的快乐之后，按照某 50e5
种必然性，我们轮到应前往那些非混合的快乐那儿。

普洛塔尔科斯：你说得非常漂亮。 51a1

苏格拉底：那我就试着通过变换一下来向我们表明它们。因为，就那些声称所有的快乐都只是各种痛苦的一种终止的人，我无论如何都完全不听从他们；相反，正如我曾说过的，我只不过
利用他们来为下面这点作见证，那就是：某些快乐看起来是快乐， 51a5
但绝不是快乐；而另外一些快乐显得是又大又多，但它们其实是既同一些痛苦混合在一起的，也同与身体的和灵魂的诸困扰相关的那些最大的痛苦的各种间歇混合在一起的。

普洛塔尔科斯：但复又哪些快乐，苏格拉底啊，当一个人认 51b1
为它们是真的时，他会正确地进行了理解？

苏格拉底：这些：它们关乎一些所谓美丽的颜色，关乎一些
形状、绝大多数的气味和绝大多数的声音，以及所有这样一些东 51b5
西，那就是，它们一方面带有一些感觉不到的，并由此是无痛苦的欠缺，另一方面又允许它们的各种满足是可感觉的和快乐的，并且是摆脱了各种痛苦的。

普洛塔尔科斯：这样一来，苏格拉底啊，我们究竟复又如何说这些呢？

苏格拉底：诚然，我所说的并不立即就完全是显而易见的，

51c1 无疑必须试着加以显明。因为各种形状之美，我现在将尝试不把
它说成大多数人会以为的那种，例如各种活物之美，或者某些
写生画之美；相反，我在说某种直的东西——如道理所讲的那
样——，和某种圆的东西，以及无疑从这些中通过各种造圆的工
51c5 具而形成的平面的圆和立体的球，还有那些通过直尺和直角尺所
产生出来的各种形状，假如你理解我的意思的话。因为这些东西，
我说，并非相较于某种东西而是美的——就像其他一些东西那
样——，相反，它们总是生来在其自身就是美的，并且拥有某些
51d1 自己独有的快乐，而这些快乐丝毫不相似于各种搔痒中的那些快
乐。至于各种颜色，它们也肯定以这种形式拥有美丽和快乐。那
么，我们确实理解了吗，还是怎样？

51d5 **普洛塔尔科斯**：我在试着理解，苏格拉底啊；但也请你试着
再说得更清楚些。

苏格拉底：那么我说，声音中那些圆润而嘹亮的鸣声，当它们发出某一纯净的曲调时，它们不是相较于另外的东西而是美的，而是独自在其自身就是美的，并且与生俱来的快乐伴随着它们。

51d10 **普洛塔尔科斯**：这也确实是如此。

51e1 **苏格拉底**：而就同各种气味相关的快乐来说，尽管同前面这
些快乐相比它是一种较少神圣的类型，但一些必然的痛苦依然没
有被混合在它们里面；并且无论这个类型的快乐以何种方式以及
在何处碰巧产生给我们，我都完全把它确定为前面那些快乐的副
51e5 本。因此，如果你理解了，那么这些就是我们所说的快乐的两个
类型。

普洛塔尔科斯：我理解。

苏格拉底：那好，让我们在这些之上进一步增添关于诸学问的各种快乐，假如我们确实认为，一方面，这些快乐并不含有对 52a1
学习的一种饥渴，另一方面，也没有一些痛苦由于对各种学问的饥渴而从一开始就产生了出来。

普洛塔尔科斯：无疑我也一同这样认为。

苏格拉底：然后呢？对于那些装满了各种学问的人，如果后 52a5
来由于遗忘而出现了某些丧失，那么，你会在他们的那些丧失中看到一些痛苦吗？

普洛塔尔科斯：至少就其本性而言不会，但在对遭受的一些计
算中则会，每当一个人失去了它们，他就会由于需要而感到痛苦。 52b1

苏格拉底：确实，有福的人啊！但至少目前我们是在不考虑计算的情况下而仅仅详细叙述从其本性而来的各种遭受自身。

普洛塔尔科斯：因此你说得正确，即对我们来说，在各种学
问那里的一种遗忘，每回都是在没有痛苦的情况下出现的。 52b5

苏格拉底：那么，各种学问中的这些快乐，就必须得说它们是没有与各种痛苦相混合的，并且它们也绝不是属于大多数人的，而是仅仅属于极少数人。

普洛塔尔科斯：当然必须得这样说呢。

苏格拉底：那么，既然我们已经合尺度地[①]把那些纯粹的快 52c1
乐和那些可正确地被称为近乎不纯粹的快乐分离开来，那岂不就让我们在说法上把不合尺度添加到那些强烈的快乐身上；而反过

① 合尺度地（μετρίως），当然可以译为“恰当地”；但之所以将之译为“合尺度地”，是为了同后面的两个同源名词不合尺度（ἀμετρία）和合尺度（ἐμμετρία）相照应。

52c5 来把合尺度添加到那些不强烈的快乐身上。并且接纳大和强烈的那些快乐——无论它们是经常变得如此，还是很少几次变得如此——，也让我们把它们确定为是属于那个无限之本性的，即属
52d1 于更多和更少这个种类——它既遍及身体，也遍及灵魂——；而那些不是这样的快乐，则属于合尺度的东西之种类。

普洛塔尔科斯：你说得非常正确，苏格拉底啊。

苏格拉底：那么，除了这些之外，接下来还必须进而仔细考察它们中的这点。

52d5 **普洛塔尔科斯**：哪点？

苏格拉底：究竟必须把什么说成是与真相关联的？是纯粹和清晰，以及充足呢，还是强烈、许多和巨大？

普洛塔尔科斯：当你这样问时，苏格拉底啊，你究竟在想什么？

52d10 **苏格拉底**：普洛塔尔科斯啊，我仅仅想在对快乐和知识进行
52e1 盘问时不遗漏任何东西，即是否在它们两者的每一个那儿，一个部分是纯粹的，一个部分则不是纯粹的，以便两者各自纯粹的那个部分通过走向混合而比较容易地为我、为你以及为在这儿的所有人提供出一种剖判。

52e5 **普洛塔尔科斯**：非常正确。

苏格拉底：那就来吧！关于我们所说的所有那些纯粹的种类，让我们以下面这样的方式来进行思考，那就是：让我们首先通过选择其中的某一个来进行考察。

53a1 **普洛塔尔科斯**：那我们应首先选择什么呢？

苏格拉底：在那些首先要被选择出来的东西中，如果你愿意，

就让我们来看看白色这个种类。

普洛塔尔科斯：当然愿意。

苏格拉底：那么，白色的纯粹性对我们来说会是怎样的，以 53a5
及会是什么呢？它是最大和最多呢，还是最不混杂——即任何其他颜色的丝毫一点点都不会是在它里面？

普洛塔尔科斯：显然它是最不混杂。

苏格拉底：说得正确。那么，普洛塔尔科斯啊，我们岂不将
把这确定为所有白色中最真的，同时也肯定是最美的，而非在量 53b1
上最多或在范围上最大？

普洛塔尔科斯：确实说得非常正确。

苏格拉底：因此，如果我们宣称，一丁点纯粹的白色也变得
比被混入了杂质的许多的白色更白，同时也更美和更真，那么，53b5
我们完完全全说得正确。

普洛塔尔科斯：的确说得非常正确。

苏格拉底：那么然后呢？我们无疑将不需要许多这样的例子
来支持我们关于快乐的说法；相反，我们从这里出发就立即[①]足以 53b10
理解这点，那就是：所有的快乐，即使它小且少，但只要它摆脱 53c1
了痛苦而是纯粹的，那它其实也会变得比那大且多的快乐是更快乐的、更真的和更美的。

普洛塔尔科斯：的确如此，并且例子也肯定足够了。

苏格拉底：但下面这点又如何呢？关于快乐，我们岂不已经

① 副词 αὐτόθεν，表地点，意思是“从当地”“就地”；表时间，意思则是“立即”“立刻”。我这里为了兼顾两者，有意累赘地译为“从这里出发就立即”。

听说过下面这种说法，即就快乐而言，它总是一种生成，而完全不是一种所是？因为确实复又有一些精明的人，他们试图对我们揭示这种说法，对于他们必须加以感激。

普洛塔尔科斯：究竟为何？

苏格拉底：我将通过再次进行询问而对你详细叙述这点，亲爱的普洛塔尔科斯啊。

普洛塔尔科斯：请你说，并且只管问！

苏格拉底：无疑有两种东西，一个自在自为，而另一个则总是渴望某一其他东西。

普洛塔尔科斯：你说这两个东西是怎样的，以及是什么？

苏格拉底：一个生来就总是最为尊贵的，另一个同那个相比则是有欠缺的。

普洛塔尔科斯：请你再说得更清楚些。

苏格拉底：我们肯定已经看到过一些既俊美又良善的少年，同时还有他们的一些充满男子气概的爱慕者。

普洛塔尔科斯：确实。

苏格拉底：那好，请你遍及我们所说的所有是着的东西[①]来寻找与这两种是着的东西相似的其他两种。

普洛塔尔科斯：我还要说第三次吗？请你把你所说的，说得更清楚些，苏格拉底啊。

苏格拉底：其实根本就不深奥难解，普洛塔尔科斯啊；相反，道理在取笑我俩，它说：在诸是者中，一种是者，它总是为了另

① 参见前面16c9-10。

外某个是者而是着；一种是者，则为了它的缘故，那每回为了某个是者而生成出来的东西才总是生成出来。

普洛塔尔科斯：我勉强弄明白了，因为已经讲过多次。

苏格拉底：但或许很快，孩子啊，我们就将随着讨论往前走 54a1
而更加明白这点。

普洛塔尔科斯：那还用说？

苏格拉底：那就让我们接受另外这两个吧。

普洛塔尔科斯：哪两个？

苏格拉底：一个乃万物的生成，另一个则为其所是。 54a5

普洛塔尔科斯：我接受你说的这两者，即所是和生成。

苏格拉底：说得非常正确。那么，这两者中究竟哪个为了哪个，也即是说，我们会说，究竟是生成为了所是而是着呢，还是所是为了生成而是着？

普洛塔尔科斯：被称为所是的这种东西，它是否为了生成才 54a10
是它所是的，你现在在问这吗？

苏格拉底：我显然在问这。

普洛塔尔科斯：诸神在上，你其实是要一再询问我诸如下面 54b1
这样的事情吗？那就是：请你告诉我，普洛塔尔科斯啊，你说造船是为了各种船而产生呢，还是宁可说，各种船是为了造船而产生，以及所有是如此这般的事情？

苏格拉底：我就是在说这点，普洛塔尔科斯啊。 54b5

普洛塔尔科斯：那你为何不自己回答你自己，苏格拉底啊？

苏格拉底：不为什么；然而，请你参与到讨论中来！

普洛塔尔科斯：完全可以。

苏格拉底：那么我说，一方面，正是为了某种生成，各种药物、所有的工具以及全部的材料[①]，才被提供给每一东西；另一方面，每一不同的个别生成都为了每一不同的个别所是而生成，而整个的生成则为了整个的所是而生成。

普洛塔尔科斯：确实非常清楚。

苏格拉底：那么，快乐，假如它是一种生成，那它就必定会为了某种所是才生成出来。

普洛塔尔科斯：为何不呢？

苏格拉底：无疑这种东西，即为了它那为了某种东西而生成出来的东西才总是会生成出来，它是在善的等级中；但那为了某个东西才生成出来的东西，最善的人啊，则必须被放入其他的等级中。

普洛塔尔科斯：极其必然。

苏格拉底：那么，快乐，假如它是一种生成，那么，当我们把它放入不同于善的等级的其他等级中时，我们岂不放得正确？

普洛塔尔科斯：肯定非常正确。

苏格拉底：那么，正如在开始这个讨论时所说的那样[②]，对于那关于快乐揭示出这点的人，即它是一种生成，而没有任何所是是属于它的，必须加以感激；因为下面这点是显而易见的，那就是这个人在嘲笑那些声称快乐是善的人。

普洛塔尔科斯：的确。

---

① 全部的材料（πᾶσαν ὕλην）。材料（ὕλη），即后来亚里士多德哲学中同“形式”相对应的“质料”。

② 见前面 53c5 以下。

苏格拉底：无疑这同一个人，他在任何时候也都将嘲笑那些 54e1
在诸生成中达成完满的人。

普洛塔尔科斯：你究竟为何这么说呢，以及在说哪些人？

苏格拉底：所有这些人：一旦他们消除了饥饿，或者干渴，或 54e5
者诸如此类的任何事情——它们全都被一种生成所消除——，他们就由于该生成而感到快乐，仿佛它自身就是一种快乐似的；并且宣称，他们不会选择活着，如果他们不处于干渴和饥饿中，以及没有经历到某个人会说伴随着这样一些遭受的所有其他的事情。

普洛塔尔科斯：无论如何他们都好像是这样。 55a1

苏格拉底：那么，我们所有人都肯定会说，与生成相反的状态，一定是败坏。

普洛塔尔科斯：必然。

苏格拉底：因此，任何做此选择的人都将会选择败坏和生成， 55a5
而非那第三种生活——于其中既不感到快乐，也不感到痛苦，而是尽可能最为纯粹地进行思想。

普洛塔尔科斯：一种巨大的荒谬，如看起来的那样，苏格拉
底啊，就不可避免地会出现，如果一个人对我们把快乐确定为一 55a10
种善的话。

苏格拉底：确实巨大，尤其当我们还以这种方式来说它时。

普洛塔尔科斯：何种方式？

苏格拉底：它如何不是荒谬的呢，那就是：无论是任何的善， 55b1
还是任何的美，都既不是在身体中，也不是在许多其他的事物中，除了是在灵魂中之外，甚至在那里也仅仅快乐是善的，而勇敢、节制、理智，或者其他任何作为善而被灵魂注定拥有的品质都不是

这样的东西？而除了这些之外还有，那不感到快乐而感到痛苦的人，那时他被迫说他是恶的，每当他感到痛苦时，即使他向来是所有人中最善的；而另一方面，那感到快乐的人，他那时有多感到快乐——每当他感到快乐时——，他也就在德性上有多出类拔萃。

普洛塔尔科斯：所有这些，苏格拉底啊，都是荒谬透顶的。

苏格拉底：那好，让我们不要尝试，一方面，用所有的方式对快乐进行了一种彻底的检查，另一方面，我们又显得好像完全放过了理智和知识似的；相反，我们应当高贵地四周敲打这两者，看看它们是否在某个地方有着某种破损，以便当我们看清这两者中最纯粹的部分是什么之后，我们就可以为了它们互相共同的混合而使用这两者中以及快乐中那些最真的部分。

普洛塔尔科斯：说得正确。

苏格拉底：那么，对我们来说，我认为在关于诸学问的知识中，一部分是工匠性的[①]，另一部分则是关乎教育和生活方式的。或者怎样？

普洛塔尔科斯：就这样。

苏格拉底：那么，在各种手艺性的技艺中，让我们首先思考一下：是否它们的一个部分更多地同知识相联系，另一个部分则是较少地同知识相联系；以及是否必须把前者视为最纯粹的，而把后者视为比较不纯粹的。

普洛塔尔科斯：肯定必须。

---

① 形容词匠人的 / 工匠的（δημιουργικός），该词派生自名词民众（δῆμος）和动词劳作（ἔργω），意思就是“为众人做工的”，即生产日常公共生活中所需要的东西的。此外，在宽泛的意义上该词也具有“创造性的”的意思。

苏格拉底：那么，必须把它们各自的那些适合进行引领的技 55d10
艺分离出来吗？

普洛塔尔科斯：哪些进行引领的技艺，以及如何分离？

苏格拉底：例如，如果一个人把算术、测量术以及称重术从 55e1
所有的技艺中分离出去，那么，几乎就可以说，在每门技艺中所
剩下的就肯定会变得微不足道了。

普洛塔尔科斯：确实微不足道。

苏格拉底：在这之后，无论如何都只会剩下猜想以及通过经 55e5
验和某种磨砺而来的对诸感觉的训练，当一些人进一步使用那善
于猜中的技艺之各种能力时——许多人将这些能力称作技艺，但 56a1
它们其实是通过练习和苦工才实现其力量的。

普洛塔尔科斯：你说得极其必然。

苏格拉底：那么，首先音乐无疑充满了它，因为它不是凭借
尺度而是凭借揣度来调整乐器，整个吹笛术也如此，它通过揣度 56a5
来捕捉每根琴弦的尺度——当琴弦震动时——，以至于它具有许
多被混入的不清楚的东西，而只有少量稳固的东西。

普洛塔尔科斯：说得非常正确。

苏格拉底：而且我们发现医术、耕作、航海术以及统兵术也 56b1
都处于同样的情形。

普洛塔尔科斯：完全如此。

苏格拉底：但就木匠的技艺来说[①]，我的确认为，它使用了大
量的尺度和工具，它们为它提供了更多的精确性，从而使得它比 56b5

① 木匠的技艺 / 木工（τεκτονική），也泛指“建筑术”。

许多的知识都是更具技艺性的。

普洛塔尔科斯：在哪方面？

苏格拉底：遍及造船和建房，以及在木工术的许多其他分支那儿。因为我认为，它在使用直尺、旋床、两脚规、墨线，以及被制造得精巧的木工尺。

普洛塔尔科斯：完全如此，苏格拉底啊，你说得正确。

苏格拉底：那好！就让我们把那些所谓的技艺一分为二：一些因追随音乐而在它们的各种作品中分有较少的精确性，另一些则因追随木匠的技艺而分有较多的精确性。

普洛塔尔科斯：就让它们这样被确定。

苏格拉底：而在这些技艺中，我们刚才将之称作首要的那些技艺[①]，是最精确的技艺。

普洛塔尔科斯：你对我显得在说算术，以及所有那些你刚才提到与之相伴随的技艺[②]。

苏格拉底：完全如此。但是，普洛塔尔科斯啊，岂不必须得说，这些技艺也复又是双重的吗？或者怎样？

普洛塔尔科斯：你究竟在说何种双重？

---

① 见前面 55d 以下；在那里（55d10）提到了适合进行引领的技艺（ἡγεμονικάς）。

② 参见《政治家》（258d4-e2）：**客人**：那么，算术以及其他一些和它同家族的技艺，难道不是都从各种实践活动中剥离了出来，而是仅仅引起认识活动？**年轻的苏格拉底**：是这样。**客人**：而另一方面，那些关乎木工和其他所有手工的技艺，它们无论如何都取得了知识，仿佛它与生俱来地就是内在于诸实践活动中似的并且这些技艺帮助诸实践活动成就出了那些通过它们才生成出来、而以前并不是着的有形的东西。

苏格拉底：首先关于算术，岂不必须得宣称：一方面，那属
于大众的任何算术是一回事，另一方面，那些从事哲学的人的算 56d5
术则复又是另一回事？

普洛塔尔科斯：那么，一个人究竟通过以何种方式来进行区分，从而能把算术确定为一种，以及另一种？

苏格拉底：界限可不小哦，普洛塔尔科斯啊。因为在那些同
数打交道的人中，一方面，一些人无疑在计算那些在事情上不等 56d10
同的单位[①]，如两座军营和两头牛，以及所有事物中两个最小的，
甚或两个最大的；另一方面，一些人则从不会跟随他们，除非一 56e1
个人这样来设定单位，那就是：在成千上万的单位中，每个单位同另外一个单位彼此之间没有任何不同。

普洛塔尔科斯：你确实非常好地说出了这点，即在那些整天 56e5
都同数打交道的人之间有着不小的区别，因此，有着两种算术[②]，这是有道理的。

苏格拉底：然后呢？计算的技艺和测量的技艺——它们分别同贸易术和木工术相应——，之于根据哲学的方式而来的几何学
以及被练习的各种计算，必须得把两者说成一呢，还是我们应当 57a1
将之确定为二？

普洛塔尔科斯：如果追随前面所说的，那么，按照我的投票，我肯定会把这两者确定为二。

---

① 基于这里的讨论，把 μονάς 译为“单位”，而不译为“一性”。

② 有着两种算术（δύ' αὐτὰς εἶναι），这是意译，字面意思是“它们是两种”，即“单位”是两种，一种是体现在不同事物中的单位，一种是彼此之间无差别的单位本身。

57a5 **苏格拉底**：说得正确。但我们究竟为何要公布这些呢，你看清了吗？

普洛塔尔科斯：也许吧；然而，我还是愿意你来显明现在被问的这个问题。

57a10 **苏格拉底**：那好！至少在我看来，现在所进行的这一讨论，同那时当我们开始说它时相比在下面这点上丝毫不少[①]，那就是寻
57b1 找同诸快乐相应的某种东西，当时在那里就已经抛出了下面这点，即考察是否某一另外的知识是比其他知识更纯粹的，就像某种快乐比其他快乐更纯粹一样。

普洛塔尔科斯：这无论如何都是非常清楚的：即正是为了这些才已经着手讨论那些。

57b5 **苏格拉底**：那然后呢？在前面的那些讨论中岂不已经发现，不同的技艺关乎不同的东西，并且一种技艺比另一种技艺是更明晰的，或者是更不明晰的？

普洛塔尔科斯：完全如此。

苏格拉底：但在这些东西那儿岂不又是这样，那就是：当把
57b10 某一技艺同另外的技艺称作同名的[②]，并将之作为一而带入意见中

---

① 见前面 50e 以下。

② 形容词 ὁμώνυμος，除了具有“同名的”这一基本含义之外，后来在亚里士多德哲学中进一步指“同名而意义不同的”。

参见亚里士多德《范畴篇》(1a1–6)：所谓同名异义者，指仅仅其名称是共同的，但与名称相应的“逻各斯–所是”是不同的，例如人和肖像都可以是“动物”。因为仅仅它们的名称是共同的，但与名称相应的“逻各斯–所是”是不同的。因为如果谁要规定对于它们中的每一个而言“是动物”指的是什么，那他就要给出两者中的每一个自己的逻各斯。

之后，又再次将之作为二来重新询问这两者的明晰和纯粹，即关 57c1
于它们，是那些从事哲学的人的技艺，还是那些非从事哲学的人的技艺，是更为精确的？

普洛塔尔科斯：在我看来就是要非常彻底地盘问这点。

苏格拉底：那么，普洛塔尔科斯啊，我们给它什么回答呢？ 57c5

普洛塔尔科斯：苏格拉底啊，就诸知识的明晰来说，我们已经抵达了一个令人惊异的重大区别那里。

苏格拉底：那我们将更容易回答吗？

普洛塔尔科斯：为何不呢？至少让它这样被说，那就是：一
方面，这些首要的技艺远远胜过其他的那些技艺；另一方面，在 57c10
这些首要的技艺自身中，一些围绕那些真正从事哲学的人的冲动 57d1
而生起的技艺，在关于各种尺度和数目的精确和真方面，又不同寻常地胜出。

苏格拉底：就让它按照你所说的这样吧；并且既然我们相信你，那我们就有勇气这样来回答那些擅长在言说方面进行胡扯的人——

普洛塔尔科斯：怎样？ 57d5

苏格拉底：这样：有两种算术和两种测量术，以及许多其他诸如此类的伴随着这些技艺的技艺，它们都具有这种双重性，但又共享了一个名称。

普洛塔尔科斯：就让我们把这个回答送给这些人——你说他们 57e1
是擅长在言说方面进行胡扯的，也但愿我们有好运，苏格拉底啊。

苏格拉底：那么，我们会说这些就是特别精确的知识吗？

普洛塔尔科斯：完全如此。 57e5

苏格拉底：然而，普罗塔尔科斯啊，对话的力量将拒绝我们，如果我们判定其他某种知识优先于它的话。

普洛塔尔科斯：但复又必须把这种知识说成什么呢？

58a1 **苏格拉底**：显然每个人都肯定能够认出现在所说的这种知识。
因为它关乎是者和以是的方式是着的东西，以及那生来就总是绝
对同一的东西，至少我认为，每个人——哪怕他只是粘有丁点的
58a5 理智——，都会相信它是迄今为止最真的认识。而你呢？你会如
何决定这点，普洛塔尔科斯啊？

普洛塔尔科斯：一方面，苏格拉底啊，我确实曾经多次，甚
58b1 至每次都从高尔吉亚那儿听说，劝说之技艺远胜于所有其他的
技艺——因它会通过心甘情愿，而不是通过暴力使得一切都臣
服于它，并且它是迄今为止所有技艺中最好的——；另一方面，
我现在既不愿意对你，也肯定不愿意对那人，拿出一些相反的
东西。

苏格拉底：在我看来，你愿意说“拿出武器”[①]，但由于感到羞
58b5 愧，于是就放弃了。

普洛塔尔科斯：在你看来是怎样，现在就让它是怎样吧。

苏格拉底：难道我要对你没有正确地进行把握负责？

普洛塔尔科斯：把握何种东西？

58c1 **苏格拉底**：亲爱的普罗塔尔科斯啊，我根本还不曾寻求过这
点，即何种技艺，或者何种知识，因是最大的和最好的以及因对

---

① 拿出武器（τὰ ὅπλα），在这里是有意的双关语。同上文“拿出一些相反的东西（ἐναντία τίθεσθαι）”相对应，τὰ ὅπλα 的完整表达是 τίθεσθαι τὰ ὅπλα。而 τίθεσθαι τὰ ὅπλα 有两个相反的意思，一是“拿起武器”，即开战；一是“放下武器”，即投降。

我们最为有用而优于所有其他的；相反，究竟什么样的技艺或知
识在考察明晰的东西、精确的东西和最真的东西——即使它是微
不足道的，并且使我们也得不到多少好处——，这才是我们现在 58c5
所寻求的。但请你看看：一方面，你其实根本不会招致高尔吉亚
的敌意，只要你认可就需要来说在人们中做主宰是属于那人的技
艺的；另一方面，就我刚才所说的那个事业而言，就像关于白色
那时我曾说过的那样[①]，即使它在量上虽少，却是纯粹的，那它也 58d1
胜过了那在量上虽多却不是如此这般的白色，就因为这点，即它
是最真的。而现在通过彻底地思考和充分地考虑，我们既不着眼
于诸知识的某些用处，也不着眼于其某些好名声，而是看我们灵
魂中是否有某种能力生来就热爱真的东西，并只为了它而做一切； 58d5
在彻底检查了这种能力之后，让我们说：我们会宣称这种能力最
为可能拥有理智之纯粹以及明智之纯粹呢，还是我们必须得寻找
比这种能力更具决定性的某种其他的能力。

普洛塔尔科斯：我的确在考虑这点，并且我也认为，难以同 58e1
意某种其他的知识或技艺会比这种能力更执着于真。

苏格拉底：那么，在你说出你现在所说的这话时，难道你就
没考虑过下面这点吗，那就是：许多的技艺以及所有那些已经在 58e5
这些领域辛勤耕耘的人，首先都只是在使用各种意见，并汲汲探 59a1
究那些与意见相关的东西？即使一个人认为他自己在探究自然，
那你也会知道，关乎这个宇宙的那些事情，即它如何产生、它如
何遭受某种东西以及如何做出某种东西，他终身都无非在探究这 59a5

① 见前面 53a 以下。

些[①]？我们能这样说吗，或者怎样？

普洛塔尔科斯：就这样说。

苏格拉底：因此，不是关乎那些永恒是着的东西，而是关乎那些正在生成的东西、将要生成的东西和已经生成出来了的东西，我们中的这样一种人岂不在这样辛勤耕耘？

59a10 **普洛塔尔科斯**：非常正确。

苏格拉底：那么，我们会说它们中的某个能在最严格的真上[②]
59b1 变得清楚吗，假如这些东西中没有任何一个曾经保持过同一，或者将要保持同一，或者现在正保持着同一的话？

普洛塔尔科斯：那怎么会呢？

59b5 **苏格拉底**：那么，就这些从未获得过丝毫稳固性的东西，究竟如何能够为我们产生出任何稳固的东西来呢？

普洛塔尔科斯：我认为绝不可能。

苏格拉底：因此，既没有理智，也没有某种包含着最真实的东西的知识，是关于它们的。

普洛塔尔科斯：无论如何都不可能有。

59b10 **苏格拉底**：那么，无论是你这种人和我这种人，还是高尔吉亚和菲勒玻斯，一则都必须经常将之放到一边，一则必需去见证

---

① 参见《斐洞》（97c6-d1）：因此，如果一个人想为每个东西找到它如何生成、如何毁灭或者如何是着的原因，那么，就必须为它找到下面这点：如何对它来说才是最好的，或者就是着而言，或者就遭受其他任何事情而言，或者就做其他任何事情而言。

② 在最严格的真上（τῇ ἀκριβεστάτῃ ἀληθείᾳ）。形容词 ἀκριβής 既有"精确的""准确的"意思，也有"严格的""严厉的"意思，这里有意将之译为"严格的"，而不译为"精确的"或"准确的"。

下面这种说法。

普洛塔尔科斯：哪种？59c1

苏格拉底：这种：对我们来说，稳固的东西、纯粹的东西、
真的东西以及我们称之为的确不混杂的东西，它要么关乎那些东
西，即关乎始终以同样的方式保持着自我同一的、最不混合的东
西，要么尽可能地是类似于那些东西的。而其他所有的东西都必 59c5
须被说成是第二位的和在后的。

普洛塔尔科斯：你说得非常正确。

苏格拉底：因此，在关于诸如此类东西的各种名称中，最正当的做法岂不就是把各种最美的名字赋予那些最美的东西？

普洛塔尔科斯：至少是合理的。59c10

苏格拉底：理智和明智岂不恰恰就是一个人所最为尊崇的两 59d1
个名字？

普洛塔尔科斯：是的。

苏格拉底：那么在关于以是的方式是着的东西的诸思考那儿，59d5
当这些名字被精心建立起来之后，就能够被称作正确地确定下来了。

普洛塔尔科斯：完全是这样。

苏格拉底：我先前将之提交出来进行剖判的那些名字，肯定不是其他的，除了这些名字之外。

普洛塔尔科斯：那还用说，苏格拉底啊？

苏格拉底：好吧！那么，关于明智和快乐，如果有人说，为 59d10
了它们的互相混合，它们就像被摆在那些匠人们面前一样被摆在 59e1
了我们面前，以便必须从它们那里或者在它们那里做出某种东西来，那么，他就在言说上恰当地进行了对比。

普洛塔尔科斯：非常恰当地。

59e5 **苏格拉底**：那么，在此之后岂不必须尝试混合它们？

普洛塔尔科斯：为何不呢？

苏格拉底：那么，如果我们预先说出下面这些并使我们自己想起它们，这对我们来说岂不是更为正确？

普洛塔尔科斯：哪些？

59c10 **苏格拉底**：我们先前已经提醒过的那些；但那句谚语显得是
60a1 正确的，那就是：的确是美好的那种东西，应当用言辞两次，甚至三次地进行重复。

普洛塔尔科斯：为何不呢？

60a5 **苏格拉底**：那就来吧，宙斯在上！我认为那个时候所说的那些，它们其实是以这种方式被讲出来的。

普洛塔尔科斯：哪种方式？

苏格拉底：菲勒玻斯宣称，快乐对于所有的活物来说已经成为了正确的目标，并且每一个活物都应当以这种东西为目标，当
60a10 然，就是这种东西才对于一切来说是善的东西；并且名字虽然是
60b1 两个，即善和快乐，但这两者已经被正确地授予了一个东西和一个本性。而苏格拉底却宣称，一方面，这两者不是一，另一方面，它们是二，就像其名字是两个一样；并且善和快乐有着互相不同
60b5 的本性，而明智比快乐更多地分有了善之份额。这些岂不就是，并且曾经是那时所说的，普洛塔尔科斯啊？

普洛塔尔科斯：的的确确是。

苏格拉底：那么，无论是那时，还是现在，我们都肯定会同意下面这点吗？

普洛塔尔科斯：哪点？

苏格拉底：那就是善之本性在下面这点上不同于其他东西。 60b10

普洛塔尔科斯：在哪点上？ 60c1

苏格拉底：在这点上：就各种活物而言，如果这总是彻头彻尾地、在每一种方式上以及在方方面面都在场于它们那里，那它们就不再需要任何其他的了，而是充足地有着最完满的东西。难道不是这样吗？

普洛塔尔科斯：的确如此。 60c5

苏格拉底：我们岂不通过讨论，尝试在两者中的每一个同另一个相分离的情况下将每一个都置于各自的生活中；一方面，快乐与明智不相混合，另一方面，明智也同样地不含有快乐——哪怕是最小的一点点？

普洛塔尔科斯：是这样。 60c10

苏格拉底：那么，难道在我们看来，它们两者中的任何一个 60d1
对某个人来说都是充足的吗？

普洛塔尔科斯：那怎么会？

苏格拉底：但是，如果在那时我们的确有点走错了路，那么，
现在就让这里的其他任何一个人通过重新拾起事情来更为正确地
说一说，即通过把记忆、明智、知识以及真判断归入同一种形式， 60d5
并看看是否一个人在没有这些东西的情况下也会为他自己选择任
何东西——无论它是着，还是将生成出来——，就更不用说快乐
了，因为无论它是最大的，还是最强烈的，他都既不能真的对之
做出判断他在感到快乐，也完全不能认识到他究竟经历了何种遭 60e1
受，此外，他在任何的时间段里也不拥有对遭受的记忆。但也请

他以同样的方式来说说明智，即是否一个人在没有任何快乐的情
况下——甚至是最短暂的快乐——，也更会选择拥有明智，而非
选择带有某些快乐的明智；或者，更会选择同明智相分离的每一
60e5 种快乐，而非复又选择带有某种明智的每一种快乐。

普洛塔尔科斯：这是不可能的，苏格拉底啊；也根本不需要多次询问这些。

61a1 **苏格拉底**：那么，这两者中的任何一个岂不都不会是完满的
东西，值得被所有人选择的东西，以及绝对善的东西？

普洛塔尔科斯：那还用说？

苏格拉底：因此，真的或者必须清楚地把握住善，或者把握
61a5 住它的某种形态，以便如我们曾说的那样，我们能够确定将把二
等奖给谁。

普洛塔尔科斯：你说得非常正确。

苏格拉底：我们岂不已经把握到了通向善的某条道路？

普洛塔尔科斯：哪条？

苏格拉底：正如一个人，当他寻找另外某个人时，他首先得
61b1 正确地寻找他的住处，以便了解到他住在哪儿；为了发现被寻找
的那个人，他无疑将这视为一件大事。

普洛塔尔科斯：怎么会不呢？

苏格拉底：现在某个说法无疑也同样向我们表明——就像在
61b5 开始时那样——，不要在不混合的生活中寻找善，而是要在混合
的生活中寻找它。

普洛塔尔科斯：的确。

苏格拉底：更大的希望无疑是：被寻找的东西将是更为明显地

位于那被美好地混合起来的东西中，而不是在那非这样的东西中？

普洛塔尔科斯：确实明显得多。

苏格拉底：那就让我们在向诸神进行祈祷后，普洛塔尔科斯啊，来进行混合，无论他是狄俄尼索斯[①]，还是赫淮斯托斯[②]，还是诸神中其他任何一位通过抽签取得了负责混合这种职权的。

普洛塔尔科斯：完全如此。

苏格拉底：诚然，我们就像一些斟酒人一样站在了两股泉的面前——有人会把快乐之泉比作蜂蜜，而把明智之泉，它是冷静的和无酒的，比作某种苦涩的和健康的水——，必须渴望尽可能美地把它们混合起来。

普洛塔尔科斯：那还用说？

苏格拉底：那就来吧！首先，如果我们把每一种快乐同每一种明智混合起来，我们就会最为遇见被美好地混合起来的东西吗？

普洛塔尔科斯：也许。

苏格拉底：然而这是不可靠的。但我们如何能够更少危险地进行混合，我认为我能够表明某种看法。

普洛塔尔科斯：请你说说何种看法。

苏格拉底：对我们来说，一种快乐岂不向来真的是甚于另一种快乐的，正如我们认为那样，而且一种技艺也比另一种技艺是

---

① 狄俄尼索斯（Διόνυσος, Dionysos）是酒神。

② 赫淮斯托斯（Ἥφαιστος, Hephaistos）是火神和工匠之神，赫拉的儿子；他因身体残疾被母亲赫拉所嫌弃，将他从奥林匹斯山上扔到了海里；他后来决意报复母亲赫拉，送了她一把一旦坐上去就会被绑住的金椅子。此外，在荷马《伊利亚特》（1. 595-600）那里，赫淮斯托斯也被描绘成了为诸神斟酒的神。

更精确的？

普洛塔尔科斯：怎么会不呢？

61d10 **苏格拉底**：并且知识之于知识肯定是不同的；一种知识专注
61e1 于那些既生成又毁灭的东西，另一种知识则专注于那些既不生成
也不毁灭，而是自我同一并且始终以相同的方式是着的东西。如
果我们着眼于真的东西，那么，我们就认为后者比前者是更真的。

61e5 **普洛塔尔科斯**：说得完全正确。

苏格拉底：那么，如果我们把它们两者各自[1]那些最真的部分混合在一起，那我们岂不应首先看看，当这两者已经被混合在一起后，它们就足以能够实现并为我们提供出最令人热爱的生活呢，还是我们依然进一步需要某种并不具有这种性质的东西？

62a1 **普洛塔尔科斯**：在我看来无论如何都要这样做。

苏格拉底：那好，让我们假设有一个人，关于公正本身，他
正在思考它是什么，并且他也具有伴随着他的洞察而来的一种说
62a5 法，而且关于其他所有的是者，他也在以同样的方式进行思考。

普洛塔尔科斯：那就假定有这么一个人。

苏格拉底：那么，这个人就知识来说是充分的吗，如果他一
方面拥有关于圆本身和球本身，即关于神圣的圆和球的说法，另
62b1 一方面却不识得属人的这种球和这些圆，并且在建房时也同样地
使用另外一些直尺以及另外一些造圆的工具[2]？

普洛塔尔科斯：我们中的一种可笑的状况，苏格拉底啊，我

① 两者各自（ἑκατέρας），即快乐和知识。

② 使用另外一些直尺以及另外一些造圆的工具，即使用“神圣的、不同于人的那些直尺和造圆的工具”。

们将之称作就是仅仅处在各种神圣的知识中。

苏格拉底：你为何这么讲呢？关于假的直尺连同关于假的造 62b5
圆的工具那既不稳固也不纯粹的技艺，莫非必须将之共同地抛入和混入到那些神圣的中去？

普洛塔尔科斯：必然得这样，如果我们中有谁每次都想找到归家的路的话。

苏格拉底：也包括音乐吗，不久前我们曾宣称它由于充满了 62c1
揣度和模仿而缺乏纯粹性[①]？

普洛塔尔科斯：至少它对我显得是必然的，如果我们的生活无论如何以及在任何一种方式上都毕竟要是一种生活的话。

苏格拉底：那么你真的愿意下面这样吗，那就是：我就像一 62c5
位看门人似的，由于被一群群氓推搡和强迫而屈服，打开一扇扇门，允许每一种知识都涌进来，并且把那比较有欠缺的知识同纯粹的知识混杂在一起？

普洛塔尔科斯：至少我无论如何都看不出，苏格拉底啊，一 62d1
个人为何会因接纳所有其他的知识而遭到某种伤害，在他拥有各种首要的知识之后。

苏格拉底：因此，我可以允许一切都流进如荷马那极富诗意 62d5
的万川交汇的幽谷[②]那样的容器里吗？

普洛塔尔科斯：当然可以。

苏格拉底：它们已经被允许流进去了；并且我们必须返回到

① 见前面 56a 以下。

② 参见荷马《伊利亚特》(4. 452–453)。

诸快乐的源泉那里。因为我们曾想过把它们同知识混合在一起，
即首先把两者各自那真的部分混合起来，但那时不容许我们这样
62d10 做；然而，由于对每一种知识的热爱，我们就把它们等量齐观，
62e1 允许它们作为一堆流进去，甚至在各种快乐之前。

普洛塔尔科斯：你说得非常对。

苏格拉底：那么，对我俩来说，也是时候对诸快乐做出决定
62e5 了；是必须允许它们全部作为一堆流进去，还是我们应当首先让
其中所有那些真的快乐流进去。

普洛塔尔科斯：至少就安全可靠来说这有着很大的不同，即首先允许那些真的快乐流进去。

苏格拉底：那就让它们流进去吧。但此后呢？如果一些快乐是必需的，那岂不如在知识那儿一样，也必须把这些同那些真的快乐混合在一起？

62e10 **普洛塔尔科斯**：为何不呢？至少那些必需的快乐是肯定要的。

63a1 **苏格拉底**：但是，如果——正如终其一生都尽力去知道每一
种技艺，这向来不仅是无害的，而且是有益的——，现在关于各
种快乐我们无论如何也同样这么说，即如果我们说终其一生都享
63a5 受每一种快乐，这对我们所有人来说既是有益的，也是无害的，
那么，就必须把所有的快乐混合在一起。

普洛塔尔科斯：那么，恰恰关于这些，我们究竟该如何说呢？我们又该如何做？

苏格拉底：不应该询问我们自己，普洛塔尔科斯啊，而是应
63a10 当询问诸快乐自身以及诸明智自身，就它们彼此，我们通过以这
样一种方式来进行盘问。

普洛塔尔科斯：何种方式？ 63b1

苏格拉底："亲爱的快乐们啊——无论应当把你们称作快乐，
还是用其他任何的名字来称呼你们——，你们会选择同每一种明
智一起生活呢，还是会选择在不是明智的情况下生活？"我认为，63b5
对此它们这样来进行回答是最为必然的。

普洛塔尔科斯：怎样？

苏格拉底：这样：就像前面说过的那样，"任何种类是独自
的、孤零零的，不与其他种类相混合的，这既是完全不可能的，
也是没有任何益处的。在全部的种类中，通过一个一个地进行比 63c1
较，我们快乐肯定把这视为同我们生活在一起的最好的种类，那
就是，它既认识所有其他的，也尽可能完满地认识我们快乐中的
每个自身。"

普洛塔尔科斯："你们现在的确说得恰当"，我们将说。

苏格拉底：你说得正确！那么，在这之后复又必须询问明智和 63c5
理智。当我们询问理智和明智时，我们再次会问："在混合中你们真
的不另外需要任何的快乐吗？"或许它们会问："哪样一些快乐？"

普洛塔尔科斯：有可能。

苏格拉底：而在这之后，我们的谈话肯定是下面这样。"除了 63d1
那些真的快乐之外，"我们将问，"你们还进一步需要一些最大的
快乐和最强烈的快乐来是同你们生活在一起的家庭成员吗？""那
怎么会呢，苏格拉底啊，"它们或许会回答说，"既然它们无论如 63d5
何都给我们带来了成千上万的障碍，因为它们用各种各样的疯狂
来扰乱我们寓居其中的灵魂，并且从一开始就不允许我们产生出 63e1
来，甚至通过凭借漠不关心来造成遗忘而在大多数情况下完全败

坏了从我们那里生出来的那些孩子们？然而，就你说到的那些真
的和纯粹的快乐，请你把它们视作差不多属于我们自家的，并且
63e5 除了这些快乐之外，还有那些伴随着健康以及节制的快乐；而且
所有那些成为了整个德性之侍从的快乐——它们就像一位女神的
侍从似的到处跟随着她——，也请你把它们同我们明智和理智混
合在一起。而那些总是伴随着不明智以及其他恶的快乐，将之同
理智混合起来，这对于打算做下面这件事的人来说，不合理肯定
是巨大的，那就是，他想看见一种最美丽的以及最不起内讧的混
64a1 合和结合，尝试在这种混合中弄明白在人那里以及在整个宇宙那
里究竟什么生来就是善的，以及必须预示出善这种理念本身究竟
是什么。”难道我们不会说，理智不仅代表它自己，而且也代表记
64a5 忆和正确的判断，既充满明智地又带有理智地[①]进行了回答——当
这些现在被说出来之后？

普洛塔尔科斯：完全是这样。

苏格拉底：无疑下面这点也肯定是必然的，否则根本就不会有任何一个东西生成出来。

64b1 **普洛塔尔科斯**：哪点？

苏格拉底：如果我们不把真同一个东西相混合，那这个东西就从不可能真的生成出来；即使它生成出来了，也不可能是着。

① 理智既充满明智地又带有理智地（ἐμφρόνως ... καὶ ἐχόντως ἑαυτόν τὸν νοῦν），字面意思是“理智既充满明智地又带有它自身地”；柏拉图在这里显然有意玩了一个词源游戏。《牛津希-英词典》举了柏拉图在这里的这个表达，指出 ἐχόντως ἑαυτὸν τὸν νοῦν 等于 νουνεχόντως；而 νουνεχόντως 乃形容词有理智的 / 有理解力的（νουνεχής）的副词。

普洛塔尔科斯：那怎么可能呢？

苏格拉底：绝对不可能。然而，是否这种混合还进一步需要 64b5
某种东西，就请你和菲勒玻斯来说说。因为，就像某个无形的秩序优美地统治着一个有灵魂的形体一样，现在的整个讨论对我显得已经完成了。

普洛塔尔科斯：那好！苏格拉底啊，你可以说我也已经这样认为。

苏格拉底：那么，如果我们说，我们已经站在了善的门廊前，64c1
以及诸如此类的东西之处所的门廊前，那么，我们有可能在某种方式上说得正确吗？

普洛塔尔科斯：至少在我看来是这样。

苏格拉底：那么，在混合中究竟什么会对我们显得是最尊贵 64c5
的，并且同时尤其是为下面这点负责的，即这样一种状态已经变得对我们所有人来说都是令人喜爱的？因为，当我们看清这点之后，接下来我们将检查，它在整个宇宙中是更加牢牢地以及更加亲密地同快乐联合起来呢，还是同理智联合起来？

普洛塔尔科斯：说得正确，因为这对我们的剖判来说是最有 64d1
助益的。

苏格拉底：其实在每一种混合那儿，无论如何都并不难看清
下面这种原因：正是通过它，任何一种混合才变得是极其有价值 64d5
的，或者变得是完全没有任何价值的。

普洛塔尔科斯：你为何这么说？

苏格拉底：肯定无人不知道这点。

普洛塔尔科斯：哪点？

苏格拉底：这点：每一种混合——无论它是什么，也无论它是何种方式的——，只要它没有取得尺度和匀称之本性，那么，它就必然不仅毁掉那些被混合起来的东西，而且首先毁掉它自身。因为它根本就不是一种混合，而其实是一种未加节制的聚集在一起，这样一种未加节制的聚集在一起对于那些拥有它的人来说，每次实际上都成为了一种不幸[①]。

普洛塔尔科斯：你说得非常对。

苏格拉底：因此，对我们来说，善之能力现在已经逃入到美之本性中去求庇护了；因为适度和匀称无疑处处都出现在美和德性所生起的地方。

普洛塔尔科斯：完全如此。

苏格拉底：而且我们还肯定说过，在混合中真已经与它们混合在一起了。

普洛塔尔科斯：的确。

苏格拉底：因此，如果我们没有能力用单一的形式[②]来捕获善，那我们就借助三种东西一起来把握它，即借助美、匀称和真；让我们说，我们或许能够最为正确地把这三者作为一而使之成为在混合中的那些东西的原因，并且由于这——因为它是善的——，混合自身也已经成为了如此这般的[③]。

---

① 不幸 / 厄运（συμφορά），该词在这里显然是双关语。συμφορά 派生自前面 64e1 那里的动词聚集（συμφορέω），既有“聚集”的意思，也有“发生的事情”“际遇”等意思，并常作贬义，指“厄运”“不幸”“灾难”。

② 用单一的形式（μιᾷ ... ἰδέᾳ），在这儿直接译为“用单一的理念”似乎也行。

③ 如此这般的（τοιαύτην），指代善的（ἀγαθήν）。

普洛塔尔科斯：你的确说得极其正确。

苏格拉底：那么从现在起，普洛塔尔科斯啊，对我们来说，任何人——无论他是谁——，都会成为一位关于快乐和明智的合适的仲裁者，即这两者中哪个是与至善更为同家族的，以及哪个在众人和诸神那里都是更尊贵的。

普洛塔尔科斯：虽然这是显而易见的，但用讨论来充分地进行检查仍然是更好的。

苏格拉底：那好！让我们相较于快乐来逐一剖判三者中的每一个；因为必须看清，我们将把三者中的每一个——作为是与之更为同家族的——，分派给那两者中的哪个。

普洛塔尔科斯：你是说美、真和适度吗？

苏格拉底：是的。但请你首先拾起真，普洛塔尔科斯啊。并且在拾起它之后，你再把视线投向这三者，即理智、真和快乐；在停留了长时间之后，你再回答你自己，是快乐还是理智，与真是更为同家族的。

普洛塔尔科斯：但为什么还需要时间呢？因为我认为，两者的区别非常大。因为，一方面，快乐是一切中最厚颜无耻的，据说，甚至在关乎属于阿佛洛狄忒的那些事情[①]的一些快乐那里——它们无疑看起来是一些最大的快乐——，就连发假誓也都已经从诸神那儿获得了体谅，因为诸快乐就像孩子们一样未曾取得理智，

① 关乎属于阿佛洛狄忒的那些事情（περὶ τἀφροδίσια），也可以简单译为“关乎情欲方面的事情”。形容词 ἀφροδίσιος 的本义是“属于阿佛洛狄忒的”，而阿佛洛狄忒是司爱与美的女神，所以该形容词也专指“男女之乐的”“情欲的”。

参见《斐洞》（64d6）：但关于情欲方面的那些快乐又如何？

哪怕是最少的；而另一方面，理智确确实实要么与真是同一的，要么在所有东西中是最类似于它的和最真的。

苏格拉底：那么，在这之后，也请你以同样的方式来考察一
65d5 下适度，看看是快乐比明智更多地拥有它呢，还是明智比快乐更多地拥有它？

普洛塔尔科斯：你已经抛出的这个考察，它肯定也是容易进行考察的。因为我认为，一方面，任何人都不可能发现在诸是者
65d10 中还有任何其他东西生来就比快乐以及狂喜[1]是更不合尺度的；另一方面，也从未有任何东西是比理智和知识更合尺度的。

65e1 **苏格拉底**：你说得很好。尽管如此，但还是请你说说第三个。对我们而言，理智比快乐这个种类更多地分有美，以至于理智比快乐是更美的呢，还是相反？

65e5 **普洛塔尔科斯**：无论如何，一方面就明智和理智，苏格拉底啊，从来就没有任何一个人——无论他是在醒着的时候，还是在睡梦中——，看到过它们或设想过它们在任何地方以任何方式变得、是或将是丑陋的。

苏格拉底：说得正确。

普洛塔尔科斯：而另一方面，无疑就各种快乐，尤其那些近
65e10 乎最大的，每当我们看见无论哪个人在对之感到快乐时，由于我
66a1 们看到在它们那里的可笑之物，或者伴随它们的一切中最丑陋的

---

① περιχάρεια 的本义是“过度的快乐”“过分的快乐”“大喜”“大乐”，这里基于上下文将之译为“狂喜”。《牛津希-英词典》举了柏拉图在这里的这个表达，对它的解释是：excessive joy。

东西，我们自己就既感到丑陋，也通过抹去光[①]来尽可能地隐藏它们，把所有诸如此类的事情都交给黑夜，好像光不应当看见它们似的[②]。

苏格拉底：那么，你将用所有的方式来宣告下面这些，普罗
塔尔科斯啊，要么通过由使者们来发出消息，要么通过你自己向 66a5
那些在场的人指出，那就是：快乐不是首要的财富，甚至连第二
也不是；相反，首要的财富在某种方式上围绕着尺度、合尺度、
适时以及所有那些必定被认作诸如此类的、被选择为永恒的本性
的东西。

普洛塔尔科斯：基于现在所说的这些，无论如何都显得如此。

苏格拉底：第二等财富无疑围绕着匀称、美、完满、充足，66b1
以及所有那些复又属于这一种族的东西。

普洛塔尔科斯：至少看起来是这样。

苏格拉底：那好！如果你把理智和明智设为第三等财富，就 66b5
像我的预言所说的那样，那么，你就会偏离真不太远。

普洛塔尔科斯：也许。

苏格拉底：因此，至于那些第四等的财富，即我们曾将之设
定为属于灵魂本身的东西，它们曾被称作各种知识、各种技艺和
各种正确的判断，这些岂不就是在那三者之外的第四等财富，如 66c1

---

① 通过抹去光（ἀφανίζοντες），之所以这么翻译，是因为这里在玩语词游戏。动词 ἀφανίζω 的本义是“使失去光泽”“使不见”，喻为“抹去”“夷平”“使消失”，在词源上同后面 66a3 的光（φάος）（φῶς 是其宾格）相联系。

② 好像光不应当看见它们似的（ὡς φῶς οὐ δέον ὁρᾶν αὐτά），当然，尤其是基于汉语表达习惯，也可以译为“好像它们见不得光似的”。

果它们比快乐更类似于善的话？

普洛塔尔科斯：有可能。

苏格拉底：那好！那些排在第五的，我们曾通过区分而将之
66c5 设定为无痛苦的快乐，我们称它们为属于灵魂本身的纯粹的快乐，它们中的一些伴随着知识，一些则伴随着各种感觉。

普洛塔尔科斯：也许。

苏格拉底：“但在第六个世代，”俄耳甫斯[①]说，“你们要让歌的
66c10 世界[②]结束。”然而，这点也是有可能的，即我们的谈话已经结束
66d1 在了第六个剖判那里。因此，在这些之后，对我们来说除了下面这点之外的确就没有什么还剩下了，即似乎还得对那些已经被说的再加上一个头[③]。

普洛塔尔科斯：无疑必须这样。

苏格拉底：那就来吧！让我们把第三杯酒献给拯救者宙斯[④]，
66d5 通过请他做见证来彻底走完这同一种说法。

普洛塔尔科斯：究竟哪个说法？

苏格拉底：菲勒玻斯曾设定，对我们来说，善是一种整个的

---

① 俄耳甫斯（Ὀρφεύς, Orpheus），希腊神话中著名的歌手，据说他的歌具有非凡的神力，他曾借此前往地狱救回他的妻子。

② 歌的世界（κόσμον ἀοιδῆς），也可以译为“歌的秩序”。

③ 对那些已经被说的再加上一个头（κεφαλὴν ἀποδοῦναι τοῖς εἰρημένοις），有意按字面意思翻译，也可以译为“为那些已经被说的加冕”，或直接意译为“对那些已经被说的打总结”“结束那些已经被说的”。

④ 把第三杯酒献给拯救者宙斯（τὸ τρίτον τῷ σωτῆρι），这是当时的谚语。根据当时的习俗，在奠酒时，把第三杯献给“拯救者宙斯”（Ζεὺς Σωτήρ）；第三（τὸ τρίτον）喻为“幸运的时刻”，《牛津希-英词典》举了柏拉图在这里的这个表达，对它的解释是：the lucky time。

和完满的快乐。

普洛塔尔科斯：你刚才说的第三杯酒，苏格拉底啊，似乎在 66d10
说我们必须从头再次拾起那最初的说法。

苏格拉底：是的。那就让我们确实来听听在这之后的吧。我，66e1
由于看清了我刚才已经细说的那些东西，并且厌恶菲勒玻斯的那
种说法——它不仅属于他，而且也属于经常说它的其他那些成千
上万的人——，于是我就说，对于众人的生活来说，理智无论如 66e5
何都远远比快乐是更好的和更有益的。

普洛塔尔科斯：它向来就是这样。

苏格拉底：然而，由于猜测其他比快乐更好和更有益的东西
肯定也是许许多多的，于是我就说，如果某种东西比这两者都显
得更好，那么，我就会为了二等奖同理智一起与快乐战斗到底，66e10
而快乐甚至连二等奖也会被剥夺。

普洛塔尔科斯：你的确说过。 67a1

苏格拉底：并且在此之后，无论如何都以一切中最充分的方
式显明，这两者中没有一个是充分的。

普洛塔尔科斯：你说得对极了。

苏格拉底：因此，下面这点岂不是真的，那就是：无论是理 67a5
智，还是快乐，它们都已经完全被排除了，因为无论如何这两者
中没有任何一个是善本身，既然它们俩都既缺乏自足，也缺乏充
分者和完满者之能力。

普洛塔尔科斯：你说得非常正确。

苏格拉底：然而，即使另外第三个东西确实被揭示出来更为 67a10
胜过这两者中的任何一个，但理智现在复又显得无限的比快乐更

为亲近和更为紧紧地依附于该胜利者之形相[1]。

普洛塔尔科斯：为何不呢？

67a15 **苏格拉底**：那么，按照讨论现在所显明的剖判，快乐之能力无疑就会成为第五。

普洛塔尔科斯：似乎是这样。

67b1 **苏格拉底**：但无论如何它都不是第一位的，即使所有的牛和马，以及其他所有的畜牲都会因这件事情，即因追逐享受而宣称它是第一位的；由于相信它们——就像一些预言者相信一些鸟儿一样——，许多人判定：对我们来说，就好好地活着这件事而言快乐
67b5 是最好的，并且认为更具决定性的证据是畜牲们的各种爱欲，而不是对那些每次都诉诸哲学性的文艺[2]来进行预言的言说的爱欲。

普洛塔尔科斯：苏格拉底啊，我们所有人现在都主张你已经说得非常对。

67b10 **苏格拉底**：那你们岂不也就允许我走了？

普洛塔尔科斯：只还剩下一件小事，苏格拉底啊。你肯定不会比我们还先打退堂鼓，而我将提醒你那些剩下的[3]。

---

① 该胜利者之形相（τῇ τοῦ νικῶντος ἰδέᾳ），基于文义，这里把 ἰδέα 译为“形相”；当然，译为“理念”或“形式”也可。

② 文艺 / 音乐（μοῦσα），作专名 Μοῦσα，指文艺女神缪斯；这里取其广义，不把 μοῦσα 译为“音乐”，而译为“文艺”。参见：

《斐洞》（61a3）：因为热爱智慧就是最高的文艺 / 因为哲学就是最高的文艺。

《政治家》（309d1-4）：那么就政治家和好的立法者，我们知道下面这点吗，那就是，唯有他适合于能够借助王者术中的文艺在我们刚才说过的那些正确地分有了教育的人身上恰恰引起这件事？

③ 参见前面 50d 以下。

术 语 索 引*

缩略语

adv.—副词　comp.—比较级　sup.—最高级

* 索引条目中标注的是斯特方码（伯奈特校勘本），汉译词请在其附近查找。

Γ

Δ

E

Z

H

Λ

M

Π

52c5, 53e8, 58a8, 60e7, 66e3
πολλοστός 很少的，微小的，44e3, 44e8
πολύς (comp. πλείων, sup. πλεῖστος, adv. πλειστάκις) 多，许多，13a2, 13b1, 13e9, 14a8, 14c8, 14d1, 14d5, 14e3, 14e4, 15a6, 15b6, 15b8, 15c1, 15d1, 15d4, 16c9, 16d6, 17a1, 17d7, 18b9, 18e9, 19b1, 23e4, 23e6, 24a3, 24c5, 25c9, 26a7, 26c9, 26d4, 30c4, 34c10, 34d10, 34e3, 38e7, 40a3, 40a11, 40b3, 40b4, 40c1, 40d9, 41a3, 41a7, 42a4, 45c4, 45d3, 45d6, 46d5, 46d7, 47a3, 47a6, 47b9, 47e9, 48e3, 48e4, 48e8, 50c8, 51a6, 51b4, 51c2, 52b7, 52d7, 53a6, 53b2, 53b4, 53b8, 53c1, 55a9, 55a12, 55b2, 55e7, 56a6, 56b4, 56b5, 56b6, 56b9, 56c6, 56d5, 57c9, 58a8, 58c2, 58c8, 58e5, 60d7, 61b10, 62e6, 63e2, 63e8, 65c2, 65c4, 65d5, 65e2, 66e7, 67b3
πολύφρων 非常精明的，非常聪明的，有发明才能的，47e8
πονέω 苦干，劳苦，辛苦，58e4
πονηρία 邪恶，26b7, 37d2, 41a4, 41a5, 45e6, 48c6, 48c7
πονηρός 邪恶的，坏的，37d3, 40c1, 40e6, 40e10, 41a2, 41a5
πόνος 苦工，艰辛，56a1, 59a9
πορεύω 前进，旅行，23b8, 31b7, 38e7, 50e6
πορίζω 带来，提供，弄到，30d10, 56b5
πόρρω (πρόσω) 远远地，往前，向前，22e2
πρᾶγμα 事情，重大的事情，麻烦事，12d8, 14c4
πραγματεία 勤奋，努力，事业，58c7
πρᾶξις 行事，行为，实践，情况，事情的结局，24c5
πράσσω (πράττω) 做，58d5
πρέσβυς (πρεσβύτης) 老人，15e5
προαιρέω 有意选择，首先选择，28b6, 45e9, 52e7, 53a1
προβάλλω 扔向前面，抛给，57a11, 65d7
προγίγνομαι 先发生，先出现，39d3, 45b4
πρόειμι 向前走，前进，开始，20c5, 24d5
προερέω (προεῖπον) 预先说出，预先告知，28a5, 31c5, 32d2, 41c4, 59e7
προέρχομαι 前进，走在前面，53e9, 57c7
προθυμέομαι 一心要做，极其想做，热衷于，16b1, 33a3
προθυμητέον 必须渴望……，61c7
πρόθυμος (adv. προθύμως) 热心的，38a3
πρόθυρον 前门，门廊，64c1
προλυπέομαι 预先感到痛苦，39d4
προπετής (adv. προπετῶς) 冒失的，轻率的，仓促的，45a9
προσαγορεύω 称呼，打招呼，12c4, 13a7, 13b2, 13b5, 16b4, 34e4, 44b3, 49c1, 54a10, 63b2
προσαγωγεῖον 木工尺，矩尺，曲尺，56c1
προσαναγκάζω (προσαναγκαστέον) 强迫，13b3
προσαρτάω 使连接，使紧附于……，58a4
προσγίγνομαι 加上，增加，产生，发生，37d2, 37d7
προσδέομαι (προσδέω) 还缺少……，还需要……，20c5, 20e6, 21a11, 23d5, 23d9, 60c3, 61e9, 63c6, 63d3, 64b5
προσδέχομαι 接受，容许，期待，15b4
προσδοκάω (προσδοκέω) 指望，期待，20b1

P

Σ

Υ

Φ

专 名 索 引

神话与传说

人名

地名

参考文献

（仅限于文本、翻译与评注）

1. Platon: *Platonis Philosophi Quae Extant, Graece ad Editionem Henrici Stephani Accurate Expressa, cum Marsilii Ficini Interpretatione*, 12Voll. Biponti (1781−1787).
2. F. Ast, *Platonis quae exstant opera, Graece et Laine*, 11 Bände. Lipsiae (1819−1832).
3. I. Bekker, *Platonis Scripta Graece Opera*, 11Voll. Londini (1826).
4. J. K. Götz, *Philebos, oder von der Lust*. Augsburg und Leipzig (1827).
5. G. Stallbaum, *Platonis Philebus*. Gothae (1842).
6. H. Cary, G. Burges, *The Works of Plato, a new and literal version, chiefly from the text of Stallbaum*, 6 vols. London (1848−1854).
7. H. Müller, *Platons Sämmtliche Werke*, 8 Bände. Leipzig (1850−1866).
8. Ch. Badham, *Platonis Philebus, with Introduction and Notes*. London (1855).
9. F. W. Wagner, *Platons Philebos, Griechisch und Deutsch mit kritischen und erklärenden Anmerkungen*. Lepzig (1857).
10. W. William, *Platonic Dialogues for English Readers*, 3 Vols. Cambridge (1859−1861).
11. E. Poste, *The Philebus of Plato, with a Revised Text and English Notes*. London (1860).
12. E. Poste, *Philebus: A Dialogue of Plato, on Pleasure and Knowledge and their Relations to the highest Good*. London (1860).

13. R. B. Hirschigius, *Platonis Opera, ex recensione R. B. Hirschigii, Graece et Laine*, Volumen Primum. Parisiis, Editore Ambrosio Firmin Didot (1865).
14. L. Georgii, *Platons Werke, Zweiter Gruppe: Gespräche Praktischen Inhalts, Philebos*. Stuttgart (1869).
15. F. A. Paley, *The Philebus of Plato, translated, with brief explanatory notes*. London (1873).
16. Ch. Badham, *The Philebus of Plato, with Introduction, Notes, and Appendix*. Williams and Norgate (1878).
17. B. Jowett, *The Dialogues of Plato*, in Five Volumes, Third Edition. Oxford (1892).
18. R. G. Bury, *The Philebus of Plato, edited with Introduction, Notes and Appendices*. Cambridge (1897).
19. J. Burnet, *Platonis Opera*, Tomus II. Oxford (1901).
20. H. F. Carille, *The Theaetetus and Philebus of Plato*. London (1906).
21. O. Kiefer, *Platons Parmenides / Philebos*. Jena (1910).
22. O. Apelt, *Platon:Sämtliche Dialoge,* 7 Bände. Leipzig (1922–1923).
23. H. N. Fowler and W. R. M. Lamb, *Plato: The Statesman, Philebus, Ion*, Loeb Classical Library. London (1925).
24. G. Budé/ M. Croiset, *Platon: Œuvres complètes*, Tome IX–2. Texte établi et traduit par Auguste Diès. Paris (1941).
25. R. Hackforth, *Plato's Examination of Pleasure, A Translation of the Philebus, with Introduction and Commentary*. Cambridge (1945).
26. A. E. Taylor, *Philebus and Epinomis*. London (1956).
27. Hamilton and Huntington Cairns, *The Collected Dialogues of Plato*. Princeton (1961).
28. J. C. B. Gosling, *Plato: Philebus, Translated with Notes and Commentary*. Oxford (1975).
29. R. A. H. Waterfield, *Plato: Philebus, Translated with Introduction*. Harmondworth (1982).
30. D. Davidson, *Plato's Philebus*. Carland Publishing (1990).

31. S. Benardete, *The Tragedy and Comedy of Life: Plato's Philebus, Translated and with Commentary*. University of Chicago Press (1993).
32. D. Frede, *Plato: Philebus, Translated with Introduction and Notes*. Indianapolis (1993).
33. D. Frede, *Platon: Philebos, Übersetzung und Kommentar*. Vandenhoeck & Ruprecht in Göttingen (1997).
34. J. M. Cooper, *Plato Complete Works*, Edited, with Introduction and Notes, by John M. Cooper. Indianapolis/Cambridge (1997).
35. Marsilio Ficino, *The Philebus Commentary, A Critical Edition and Translation by Michael J. B. Allen*. Tempe, Arizona (2000).
36. Gunther Eigler, *Platon: Werke in acht Bänden, Griechisch und deutsch, Der griechische Text stammt aus der Sammlung Budé, Übersetzungen von Friedrich Schleiermacher und Hieronymus Müller*. Darmstadt: Wissenschaftliche Buchgesellschaft (7. Auflage 2016).
37. 柏拉图,《赖锡斯　拉哈斯　费雷泊士》, 严群译, 北京: 商务印书馆, 1993 年。
38. 张波波,《〈菲丽布〉译注》, 北京: 华夏出版社, 2013 年。
39. 吴广瑞,《柏拉图的论善:〈菲利布篇〉方法论、快乐论研究》, 北京: 中国社会科学出版社, 2014 年。
40. 伯纳德特,《生活的悲剧与戏剧: 柏拉图的〈斐勒布〉》, 郑海娟译, 上海: 华东师范大学出版社, 2016 年。

图书在版编目(CIP)数据

菲勒玻斯/(古希腊)柏拉图著;溥林译. —北京:商务印书馆,2024
(汉译世界学术名著丛书:120年纪念版:珍藏本:增订本)
ISBN 978-7-100-23675-1

Ⅰ.①菲… Ⅱ.①柏…②溥… Ⅲ.①柏拉图(Platon 前427-前347)—哲学思想 Ⅳ.①B502.232

中国国家版本馆CIP数据核字(2024)第076175号

汉译世界学术名著丛书
(120年纪念版·珍藏本·增订本)
菲勒玻斯
〔古希腊〕柏拉图 著
溥林 译

商务印书馆出版
(北京王府井大街36号 邮政编码100710)
商务印书馆发行
北京通州皇家印刷厂印刷
ISBN 978-7-100-23675-1

2024年5月第1版 开本 710×1000 1/16
2024年5月北京第1次印刷 印张 11¼
定价:60.00元